原発震災、障害者は…

消えた被災者

青田由幸
Aota Yoshiyuki
八幡隆司
Yahata Takashi

解放出版社

はじめに

２０１１年3月11日。東日本大震災。数多の尊い命が失われました。その中で、学校の体育館をはじめとする公共機関が開放され、避難所があちこちに開設されます。関西からも多くの人たちが救援・支援に向かいました。その中に神戸の震災の経験を経た「ゆめ風基金」の皆さんもいました。避難所を回って「障害者の方はいませんか！」「何か困ったことありませんか？」とあちこち回りました。そうするうち、あることに気がつきます。

「障害者が消えた！」

心身にハンディを持つ人が避難するべき場所にいないのです。何十万人という被災者。その中に障害者の姿がないのです。さらに福島県では原発が過酷事故。私たちは弱者をさらに悲惨な場へ追いやるのです。

この書は、福島県南相馬市で長年、障害者の皆さんと共に生きてきた青田由幸さんが、大震災、そして原発事故のなか、障害者という存在がいかに弱い存在かを再認識し、その現状を訴えた講演を中心に編まれています。そして震災直後から被災地の障害者支援に取り組んだ「ゆめ風基金」の八幡隆司さんの報告も併せて掲載しました。また「障害のある人への訪問調査報告書」も掲載しています。東日本大震災のもう一つの証言として是非、ご一読いただければ幸いです。

編者として　しかた さとし

目次

原発震災、障害者は・・・

青田由幸

南相馬市は原町市、小高町、鹿島町が２００６年に合併してできた市です。太平洋に面した福島県北部に位置します。北から鹿島区、原町区、小高区と地域が分かれています。原ノ町には相馬野馬追で有名な大きな馬場があります。震災前の人口は約7万人。今、市内に実際に居住している人口は約４万６千人です。震災のころ、その発信力で有名になった桜井勝延さんが市長です。青田由幸さんの運営する「さぽーとセンターぴあ」は原町区にあります。

南相馬市を私が最初訪ねたのは、２０１１年６月。名古屋市のチェルノブイリ救援基金の皆さんの放射線量測定のボランティアに1泊2日で参加しました。そして2回目は、２０１３年8月17日。車いすの障害者・吉田義朗さんの運転で青田さんを訪ねました。吉田さんは障害者カヌーイストの先駆者として活躍してきました。

街を車で走っていると中学生たちでしょうか、普通にランニングをしています。これが福島の日常のひとコマです。総じて放射線量は高いです。いわゆる放射線量管理区域があちこちにあります。そこで人々は生活を重ねています。今、福島県全体では、約１９０万人の人が住み続けています。

（しかた さとし）

◆津波、そして原発が爆発しました

2011年3月11日午後2時46分、東日本大震災が発生します。そして福島県南相馬市では原発事故も重なります。食料が手に入らない。電気も来ない。交通機関は止まっている。支援の人が入って来られない。電話も通じない。支援の人も分からない。ガソリンもなくなりました。南相馬のこの事業所のあたりまで津波が来ました。地震も震度6弱から6強くらいのところなのです。さらに原発がドンと爆発しました。ここは原発から24キロなのです。

この先に信号があるのですが、そこまで津波が襲って来るのです。だからそこのところから向こうは何もなくなりました。たまたまこのあたりは少し高くなっていて手前の道路で津波が止まりました。道路の上はなんでもなくて、その下は家がなくなっている。そんな場所です。その下のほうに特別養護老人ホームがありました。44人の方が亡くなっています。入所型なので100人くらいの入所者と、通所で50人くらいの皆さんが利用していました。歩ける人は、道の上に上がって助かっています。

亡くなった方はやはりベッドの人です。ベッドごと外に出して避難させようとしたのですが、間に合わなかった。あと当然そこにいた介護の人たちも、その人たちを助けるためにとがんばった人たちが亡くなりました。たまたまここは、すぐそばに警察署、市立病院があって消防署もある。ライフライン的には全部、整っています。

支援する人にも家族がいます。自分の家族を支援する。そうなると利用者のところに来られるか、という課題を突きつけられる。だから障害者、高齢者は孤立していく。

私たちの周りにいるのは、高齢者、障害者、手帳を持った人に、介護を受けている人。あれだけの災害になると、つながる人は3割です。介護サービスを受けている人たちは、なんとかつながることができる。それが大体3割です。やっぱり事業者さんも心配です。だからがんばります。3割はなんとかなる。

でも、福祉サービスを使っていない高齢者や障害者の方が多いです。7割いるのです。家族が元気だったらいいですが、老老介護、障害を持った人と高齢者の家族、ここは支援が受けられません。安否確認もされない。物資も当然こない。3日生き延びられるかという瀬戸際に追い込まれます。

そういう人たちが20キロ圏内にもいたのです。大熊にも双葉にもいたのです。そういう人たちをどうしたか。自衛隊と町長さんが防護服を着て中に入り、一生懸命説得した。どうやって説得したか。「あんたたちがここに残ると様々な人に迷惑をかけるから避難してくれ」という言い方をされるのです。

障害者や高齢者は、避難所で命を守れる保証はありません。自分の命を自分で何とかしようと思っても、「人に迷惑がかかるからここから出なさい」と言われたら出るしかありません。

屋内退避は「そこにいてもいなくてもいい」ということです。「放射能がいっぱい降っています。家の中に避難してください」ということです。しかし、

「木造住宅は放射能が浸透してきます」

「窓に目張りしてください」

「換気扇も止めてください」

「家の中でマスクをして、じっとしていてください」

そんなことを言われていられますか？　しかも行政から言われたんじゃなくて、テレビ局の取材で言われたのです。だから南相馬市も屋内退避でほとんどの人がいなくなった。そのあとに緊急時避難準備区域というのが言われました。

中にいる人は誰か。本来、中に残っていい人は自分で食料を確保できる人です。自分で自分の命を守れる人です。南相馬市は7万人のうち1万人が残りました。残った人は要介護者、障害者、その家族です。自分で自分の命を守れる人はほとんど避難しました。実際は、避難が困難な人が残るのです。これが屋内退避の実態です。屋内退避は一番最初に避難しなくてはいけない人が残るのです。あきらめるのです。

津波なら逃げます。原発の事故では、避難するリスクと今のリスクと放射能に被曝する

リスクと避難所で大変な思いをするリスクを比べるのです。比べること自体に問題があります。でも比べるしかないのです。だから動けないのです。避難所がきちんとしていたら避難します。

30キロの外に避難しなくてはいけないのだけれど避難できない。残ります。どうなるか。30キロのところに警察の検問ができます。そうなるとそこから中に人は入ってこられません。それは外から物資も入ってこないということです。当然、2日目くらいからお店も閉まります。3日目から避難が始まります。病院が全部閉まります。当然、薬局も閉まります。福祉関係全部閉まります。その状況で要介護者が残るのです。具合が悪くなっても、医者はいません。

市立病院の院長が「多くの患者さんが残っているから病院を開けさせてくれ」と市に言うのですが、屋内退避の指示が国から出ています。だから国の指示を仰がなければいけない。国は「避難した住民が戻ってくるから」と開けさせてくれません。

でも中に残っている人が1万人もいるのです。医療をつながないといけない。薬もきれているのです。3週間後に国も認めてくれました。でもその条件はベッド3床、72時間。3日しか医療行為ができない。つまり国は自己責任で残ったという判断です。でもこれは自己責任で残ったわけではありません。東電の責任です。それは厚労省も中へ入ってくれば分かります。

ドクターヘリは、上空は放射線量が高いから飛べない。となると救急車搬送しかない。そうなると福島、郡山、いわきとなります。いずれも1時間半から2時間かかります。となると、その間に亡くなることもありえます。緊急時避難準備区域が外れるのにどれだけかかったか。半年です。9月末まで同じ状況が続くのです。

◆個人情報という壁

残った障害者、高齢者があまりにも大変です。それで本当にどれだけ大変な人たちが残っているのかを市役所に教えてもらうことにしました。そうしたら、300人の自衛隊員が、実は1軒1軒ローラーをかけて中に残っている人たちを調べているということでした。「それは安心だ」と一瞬思いました。

避難地区で残っている福祉事業所はうちだけでした。それでうちに今度はヘルプが入ってくるのです。市役所はもう電話がつながりません。たまたまどこからか福祉で残っているのはうちだけだということで、電話が入ってくるようになりました。

それでうちが支援を続けていた人たち、それからうちの関係者のところで残っていた人たちに「自衛隊が来てくれましたか」と聞いたのです。そうしたら来ていないというのです。そうすると自衛隊はどこを回っていたのか。自衛隊は回ってはいるのですが、日中いなかったり、声を掛けても出てこなかったら、それはそれでいないということになってしまう。

さらに南相馬市では、ちょうどその年の1月に災害時の要援護者リストを作成していました。それで要援護者リストを見せてもらおうとしました。うちが今支援している人たちが載っているかどうか確認しましたが、残念ながらうちで支援していた人たちは載っていませんでした。

要援護者リストというのをどう作ったかというと、まず市役所が災害時にこの人は要援護者になるだろうという人を想定します。想定した中で、その想定した人たちに手紙を出しました。「南相馬市では要援護者リストを作って、災害時にはこの情報で皆さんのところに支援が行きますので手を挙げてください」、それで手を挙げた人が載っているのが要援護者リストです。ということは要援護者リストを作る段階でもう2段階でもれます。まず市役所が想定した段階でもれます。それから手を挙げたか、挙げないか。挙げない人はもれています。

そのリストを作るときにどういう人を想定しているかというと、家から出られない人、ベッドから降りられない人です。だから介護度の重い人、障害判定の重い人、その人を想定しています。身体障害者で判定が重い人が想定になってくるわけです。

今回、原発の場合は、家から外に出れるか出れないかではなく、30キロから外に出れるか出れないかです。そうするともう想定が全然違うということで多くの方がもれるということになってしまいます。

それから要援護者リストを作るときに、これは非常に難しい問題なのですが、誰を要援護者にするのかという問題です。さっきも言いましたが、たとえば高齢者のおじいちゃんが寝たきりでいます。でもそこに若い体力ある孫が2人もいて、そのお母さん、お父さんが元気だったら災害のときに迅速に連れて逃げられます。

◆もれる障害者とはこんな人たちです

実際、今回残ったケースで、これは要援護者を全然想定していない。それはどういう人かといいますと、こんな例がありました。

シングルマザーで発達障害を持った子どもをかかえている人。そんな家族が残っていました。この方は身体障害を持っているという人の中には当然載っていない。それから発達障害で手帳も持っていない。だからどこからももれているわけです。お母さんは1回逃げようとしています。逃げようとした段階で子どもさんたちに自傷行為が出てきていたのです。

これで避難所に行くのは無理だとあきらめます。あきらめて残るのですが、でもこの多動の子どもさんを連れて、まず遠くまで買い物に行けるかというと行けないのです。市役所では救援物資を中に残った人に配り始めました。でも配るときは当然「市役所に来てください」となります。物資は建物の中にあって、配る人たちは外で配っているのです。屋内退避だといって、放射能が降っているなか、外で配っているんです。

何やっているんだと思いました。でもそんなところに、しかも子どもさんを連れて行けるか。しかも発達障害の子どもさんで、じっとしてない子どもさんをお母さんが見られるかといったら無理です。

それまでは近所の人であったり、それから地域の福祉サービスだったりを使いながら、なんとかぎりぎり生活をしていた人たちなのです。でも地域の福祉サービスとか、地域の人たちがいないわけですから、そうするとその人たちもつながらない。そういう人たちがいっぱい残ってくるのです。

でもそれは市からすると「想定外」です。だから支援がいかない。残念ながらそういう人たちがもれているということが分かりました。私たちも参加して、「被災地障害者支援センターふくしま」というのが立ち上げました。それで南相馬市の中に残っている障害者たちのローラーをしないとどうしようもないからとお願いをしました。

◆制度を運用するためには

市役所に要援護者リストは役に立たないので個人情報を出してもらうことをお願いしました。そのためにどうしたらいいかというと、障害者手帳台帳の開示をお願いしました。障害者の個人情報をどういうふうに出していただいたかというと、それは個人の生命、財産に危険が伴ったときには、本人の承諾を得ないで個人情報を出してもいいという特記条項が必ず皆さんの市町村にも個人情報保護法の中にあります。しかも内閣府の要援護者リストを作るときのガイドラインの中にこれを使って出す、支援につなげるということが書き込まれています。ガイドラインと南相馬市の個人情報保護法とをすり合わせて、これだったら出せるのではないか。それで市役所を通してもらって、個人情報の開示請求をしました。皆さんのところで内閣府のガイドライン、さらに個人情報保護条例を利用しても出ない可能性があります。

先日、日弁連のシンポジウムでお話をしました。関東の各市町の個人情報担当者などの方200人ほどの方に来ていただきました。「これだけ出す方法があるんです、南相馬市では出たんです、命につながったんです、皆さんのところで出しますか」とアンケートを取りました。ほとんどの自治体はそれでも「出ない」との回答が多くありました。それはなぜかというと「責任が重い」というアンケートでの回答でした。だから誰かのお墨付きがほしい。その雰囲気はシンポジウムの途中で分かったので、もちろん参加者たちにぶつけました。

「個人情報を出さないことによるリスク、要するに個人情報が出ないことによって多くの人が死ぬかもしれないのです。そのリスクと個人情報を出しました。出してほしくないという人が当然いると思います。その人からクレームが上がってくると思います。それに対処しなければいけないと思います。もしかしたら責任を取らされるかもしれない。でもそのリスクと、命を守ることとどっちが大事なのか」とぶつけました。それでも「難しい」。とすればどういうふうにすれば出るかというと、それは平時のときに出る方法をもうすでに作っておかなければいけないということです。お墨付きがほしいなら、お墨付きを作っておかなければいけない。

ではどこがお墨付きをするのか。日弁連が一緒に考えてくれると言ってくれました。市町村で市民の方からそういう声が上がって、災害時に出すということがあれば、日弁連が出ていって、その市町村でその条例を見直しするなり、運用を考えましょうということを言ってくれました。そこまで踏み込んでくれた日弁連はすごいと思います。

そういうふうな話を最終的にしたときに、「それだったら出してもいい」「それだったら考えてもいい」という市町村が出てきました。だから今のうちから用意しておかないと、災害時のときには何にも出てこない。何の支援もできないということになります。是非、それを皆さんで考えてください。

◆原発震災、残るしかないという現実

南相馬市では、事業所にいたスタッフは、多くが女性です。しかも子どもさんを抱えている女性スタッフ。その人たちは避難しています。その人たちは今でも戻ってこられていません。一方、介護を受ける人たちは、一年後、30％増しです。要介護者が30％増えました。要介護者のうち50％が重度化しています。でもスタッフは半分です。半分になったスタッフで利用者さんが増えてしまった。どうすればいいか。サービスを間引きするしかありません。今まで毎日行っていたのを2日に1回、3日に1回にするしかありません。

それはつまり家族で介護してくださいということです。でも家族がバラバラになっています。2世帯、3世帯で暮らしていたのが、ほとんど1世帯になっています。1世帯の家庭は老老介護です。障害者世帯ならば、障害を持った人の親たちが介護をしています。だから震災前よりも過酷な状態になるわけです。そんな中で介護の仕事をしている人たちは、メンタル面、体力的にもぼろぼろになってきています。そして辞めていった人もたくさん

います。

今、南相馬市は夜の介助がゼロです。それはスタッフが足りないからです。介助は日中だけです。それでも介助者は、目いっぱい働いています。だからますます疲弊してきます。

Kさんは、起き上がるときに介助が必要です。車いすに乗るときも介助がいります。お母さん1人では無理があります。それで必要なときに回りの人に来てもらう。そんな状態です。だから下手すれば前より悪い状況になっています。

Oさんという発達障害のお子さんを抱えたお母さんがいます。彼女は地震のとき、避難所に行こうとしたのですが、障害を持つお子さんを抱えているので、避難所にいられない。結果、市内に戻ってしまった。町の中ではお店が開いていません。市役所からの物資の配給もありません。

だから彼女は物資をもらいに行きました。南相馬では、物資を外で配りました。2時間、3時間、外で待つのです。放射能の降っている中。それに子どもさんを1人にしておくわけにはいきません。一緒に外で待つのです。だから彼女は、被曝を恐れて物資をもらえなかったのです。たまたまうちが食料を配っているという情報を得て、食料を手にしました。行政も物資を配っています。しかしほとんど外で配っています。

たとえば年寄りだけの世帯があります。おじいちゃんが寝たきりだとおばあちゃんは物資をもらいに出られないのです。そうすると隣のおばあちゃんが代わりにもらいに出る。

それでも同じ人が何回も来ると、行政は公平性を重んじるからもらえません。それでも障害者や高齢者を抱える人たちは、工夫して物資をもらいに行きました。そうしたら行政の担当者に言われたそうです。

「あんたらみたいな人がいるから私たちは避難できない」

確かに役所の人も避難したいと思います。みんな厳しいのです。だからそんなことを言われたら、次から物資をもらいに行けません。だから彼女は我慢するしかなかったのです。でもそういう人たちはいっぱいいたのです。

病院は国の許可が出たので開けられることになりました。しかし残念ながら100床しか空けられませんでした。市立病院は270床あります。なぜか。看護師がいなかったのです。ドクターもいなかったのです。開けてもいいよと言われたのですが、開けられなかったのです。南相馬市ではその状態が今も続いているのです。

震災後4カ月で、南相馬市は4万5千人の人口になりました。うち1万人が仮設住宅です。3万5千人が自宅へ戻っています。震災前の半分の人口が自宅に戻ってきています。1万人の人たちは20キロ圏内と津波の被害者です。

残りの2万5千人は避難しています。ほとんどが子どもさんを抱えた世帯です。じいちゃん、ばあちゃんたちは戻ってきています。でも若い世帯は戻ってきません。そのうち6千人が住所を移しました。当初、住所を移すと東電の賠償を受けられないという話がありました。でも3月11日に住んでいたら賠償が受けられることになりました。

◆ここは原発震災最前線です

今、原発から近い地域で、政府に「住んでいい」と言われて、最も人が多く住んでいるのが南相馬市です。原町の南、小高区から中はもう人が住めないのです。ここは人が生活している原発震災最前線の地域です。南相馬市では636人、福島県内で一番多くの方々が津波で亡くなりました。あと避難の過程で亡くなる方、災害関連死で亡くなった市民は400人を超えています。

今、地震、津波、それから原発の災害での課題がいっぱい見えてはきました。しかし、なかなかそれらの課題に向き合うのが難しい地域です。特に原発に関してはどう向き合っていいのか非常に難しい点があります。非常にデリケートな部分が大きいと思います。そしてこのあたりの住民はおそらく全国で一番、原発、放射能に対して知識があるのではないでしょうか。

◆先生たちは「多分、大丈夫」と話してくれます

震災の後、有名な原発問題の学者さんたちがたくさん入ってきています。その原発の学者さんが講演をやれば、皆さん大体、聞きに行きます。やっぱり何が本当なのか、ちゃんと知識がほしいのです。いろんな専門家が話をしてくれます。専門家の大丈夫という見解もあります。それにもかかわらず、「大丈夫じゃない」とみんな思い込んでいるところがあります。そのことがやっぱり、自分で自分の首を絞めているんじゃないのか。そんな複雑な気持ちがみんなにあります。

福島大学の先生が地元紙にこんなコメントを載せていました。

「もうちょっと冷静に考えなさい。そして冷静に考えたら、もうちょっといろんな道があると思います。客観的に自分の人生、そして放射能に対しても、もうちょっと冷静に考えましょう」

安心感を与えようとして書いていると思います。この方の気持ちは分かります。そんなのは分かっているけれども、それはそうだけれども、1%でも2%でも危険性があるという。なんだか分からないことがある。ということは、危険のリスクがあるということです。それが正確に分からないうちは、自分の子どもをここに置いたら、放射線でもしかしたら遺伝子を傷つけるかもしれないと思います。

だから専門家ははっきりと「大丈夫だ」とは言わないのです。そして「もうちょっと冷静になりましょうね」と言う。じゃあここに住んでみたら？　となるわけです。たぶん大丈夫なんだろうなという気持ちを持っていながら、でもそうじゃない気持ちがどうしても上回ってしまうのです。こんな不安の中にこの地域はあるのです。

国はどちらかというと「大丈夫だ」と言っています。先生たちは「大丈夫かどうかは分からないけれども、でも、危ないということは本当にまだはっきり立証されてないんだから、全部クロではない」と言っています。その言い方は分かりますが、クロが1％でもあるわけで、将来どういうふうになるかが分からない。その分からないというのが残っている。それがやっぱり不安になるということじゃないでしょうか。

◆次の世代の子どもたちに誰が責任を持つのか

一番心配しているのは子どもたちのことです。子どもたちには何の責任もありません。この子どもたちの未来を踏みつけたのは誰か。私たちが原発の安全神話を信じてきてこんな結果になった。じゃあ子どもたちの未来に誰が責任を取るのか。それは東電、国かもしれないけれども、でもこれまで私たち自身が考えてこなかった責任がものすごくあると思います。

たとえばFさん。南相馬市にずっと残っていたのです。子どもさんに言われたそうです。

「どうしてうちだけここにいるの？」

「友達はみんな遠くに避難している」

「わたし、放射能を浴びて大丈夫なの？」

子どもさんがお母さんに言っていたそうです。お母さんはそう言われてつらかったそうです。でも実際、行くところがない。

今は相馬市の仮設に入っています。本来だと仮設に入られないのですが、事情を説明して入れるようになりました。少しでも被曝線量を下げたいとお母さんは考えたのです。

でも学校が南相馬市なのです。発達障害の子どもたちは環境を変えるのがものすごく負担です。だから学校を変えることができないのです。仮設と自宅を行ったりきたりしています。この子のメンタルを少しでも和らげてあげたいとお母さんは考えたのです。

親は子どもが本当に大丈夫なのかを考えるのです。中に残った人たちで、外に避難した人を「逃げた」と表現する方がいます。「逃げた」というのは自らの意志を持って外に行くことです。でも自らではありません。無理やりではないですか。子どもを、家族を守らなくてはいけないから避難したのです。

避難先でも当人は「やっぱり逃げた」という思いを持ってしまうのです。それは避難せずにいる人たちに対して申し訳ないという気持ちになってしまいます。だからますます戻ってこられない。中に残った人たちと避難した人たちの溝がどんどんどんどん、広がっていく。

外に避難した人たちは、「なぜ残っているの？」という思いを持っているのです。中にいて子どもが被曝したら、責任が取れない。そう思ってしまうのです。でも中に残っていなければいけない理由があるから残っているのです。

◆福島には戻れないという事実

何が安全か安全でないかという答えがないのです。その中で、今は皆さん、もう日々の生活に戻すのが精いっぱいです。いろんなことを次のステップにしていくというのが、なかなか大変です。そして南相馬の原発に近い小高区は居住制限になっています。震災前、南相馬市小高区には1万3千人くらいの人が住んでいました。この人たちはみんな、自宅に戻ることはできません。

南相馬市は今、大体4万5千人くらい住んでいます。それも年配の人たちが中心なのです。お子さんのいらっしゃるご家庭は、県内か、もしくは県外へ避難されています。あとから線量が郡山市も高いし福島市も高いことが分かりました。そこに避難している人たちは、せっかく避難しているのに、さらに遠くに、山形や新潟や、東京だ、愛知だと避難しました。今、県の人口は表向きは190万人ぐらいなのです。全体で16万人は避難しています。大体、県内避難者が9万6千人。県外避難者が5万5千人です。そして表に出てない人たちも結構いるのです。つまりもう転出している人がいます。

福島ではもう生活ができないと考える人が増えています。結局2年間も避難していると、将来の生活設計をしなければならない。そこで仕事を始めるとき、アルバイトでするのか、ちゃんと正社員として生活するのかを迫られるわけです。働いてもらうほうだってちょっとの間、働いてもらうのと、きっちり働いてもらうのとでは待遇も違ってくるわけです。

きちっと働くとなると居を避難先に構えるという選択をせざるをえないと思います。会社だってそうじゃないと雇ってくれないわけじゃないですか。だから、今、そういう人たちが、ものすごく多くなっています。

【対談】障害者が消えた！

青田由幸×吉田義朗

◆障害者と子どもにしわ寄せが……

吉田　障害を持つお子さんのいるご家庭は結構、南相馬に戻ってこられるケースも増えていると聞きました。

青田　多いです。それは結局、避難が難しかった。まず、避難所に行けないし、いられないではないですか。しかも広域避難しなければならない。それはとても無理です。当初は福島、郡山、会津なんかに避難する。でも結果、そこからさらに新潟とかそっちまで避難しなきゃならなくなった。

でも、当初の避難は皆、避難所です。しかし避難所では障害者はいられない。入っていっても、そこに長くはいられない状況です。そうすると障害者の家族は転々とするのです。転々としている間にもう疲れてきて、「もう無理だね」と、「戻るしかないね」となります。避難所のリスクと放射能のリスクを比べたら避難所のほうが大変だから、放射能を浴びてもいいやとなります。

吉田　それはもう障害者を抱えた母子家庭だけではなく、総体的に戻ってこられるケースが多いということですか？

青田　そうです。だから小さいお子さんを抱えてらっしゃる方は別居避難です。例えばお母さんと子どもさんだけが新潟に行って、お父さんは仕事がこっちにあるから働いている。

でも別居避難は、旦那さんと家族がバラバラになってきて、お母さんも大変となってきます。それでは家族が持たない。旦那さんがなんとかお母さんと子どもさんのいる避難先で働くようになればと、転出という形を選択します。それはもう福島には戻らないという選択です。

そんな選択ができなかったら家族がバラバラになってしまいます。そのリスクがものすごく辛いのであれば放射能のリスクを抱えながらも、子どもさんを連れて戻ってくる。戻ってきたら戻ってきたでまた放射能で苦しむことになります。

吉田　さっき車で街中を走っていると、子どもさんがジョギングしていました。皆さん、見た目は普通に生活してるのですね。

青田　そうですね。それはもう諦めてきてしまうのです。しょうがないという気持ちです。今までの生活が無理だったから、しょうがないと諦める形で戻ってくるという選択です。

吉田　南相馬の小中学校の生徒は減ったのでしょうか？

青田　もう半分くらいです。低学年に行けば行くほど、人数が少ないです。高校生ぐらいになると少しずつ戻ってきています。今では小高区の高校1つは県に休校届けを出して生徒がいなくなりました。小高高校と小高商業は仮設で授業をしています。サテライト校といって、とりあえず避難した先で5人でも集まっていれば、そこが小高高校の分校みたいな扱いです。そこに先生を派遣して授業をしている、そんな感じです。それが1年、2年たってくると、今度は、その人たちもバラけてくる。

生徒も住民票は大熊町でも、学校は転校した学校の籍という形をとっているケースが多いと思います。それが逆に言うと救いなのです。例えば南相馬市は有名になってしまいました。南相馬市立なんとか中学校卒業という経歴がこれから残っていく。その人の履歴になるわけじゃないですか。そうすると3・11の時に南相馬市にいたという証拠になります。そうするとその人は将来、そのことが原因でいづらいということもありますし、結婚する時の禍になるかもしれない。就職する時になんかの話題になるかもしれない。だから逆に南相馬市や双葉郡内の学校の名前がないほうがいい。よっぽど意識がないと、子どもたちが南相馬市出身だとは言わない。そんなふうになってくると想います。

◆原発被災者への差別は始まっています

青田　原発事故が起こったとき、政府は「どっかへ避難しろ」「すぐ20キロ圏内から避難しろ」と言いました。それで福島市に行った段階で、被曝しているという前提で避難所に入れなかったのです。同じ福島県の避難所でさえ入れませんでした。スクリーニングをした証拠を持ってこなければ「入れない」と言われました。被曝しているかどうかも分からないし、被曝検査なんて、みんなその頃やったわけがないのです。

でも情報だけはどんどん流れました。避難している人たちは、情報を持って逃げてはいないのです。なんだか分からなくて避難しているわけです。それも受け入れる側が、被曝しているだろうという情報を一方的に持っているわけです。

そうすると放射能に対する知識がないから、被曝した人たちがそのままここに入ってくる。ここに放射能を浴びたまま持ってきています。それがここに来て放射能を落とされると、うちの施設が被曝施設になってしまうとか、他の人が被曝するから、という意識です。

県外に行った人は特に深刻な体験をしたと聞いています。それでも新潟はそうでもなかったそうです。関東に行った人たち、福島ナンバーの車は駐車場にも入れてもらえない、コンビニも入れない、当然、避難所にも入れないですから。ガソリンも入れられなかったです。信じられないでしょ？　つくば市は副市長が市としても受け入れないということを言っちゃいましたから。そういうことが起きたのです。

◆福島では原発、放射能の話が沈殿しています

青田　最近はだんだん、みんな原発や放射能の話をしなくなってきています。オブラートでくるんで、タブーにしてしまうのです。最初の頃は、お母さんたちは子どものことが心配ですし、当然ここにいる人たちは、放射能の危険性についてもいろんなことを話していました。

しかし、だんだん自分で割り切ろうとするのです。結局、危ないのか危なくないのか分からないんだとすれば、自分で落ち着けるラインのところを見つけようとするわけです。聞いた話の中で、自分の安心ランクのところの話を持ってきて納得するのです。もっともな判断基準じゃなくて、自分が納得できる判断基準を持ってくるのです。

1ミリシーベルトの被曝線量だったり、原発からの距離で判断するとしたら、他の人たちは、またいろんな段階の基準を持っています。その基準の違う人たちと話したら絶対ぶ

つかります。だからもう話はしない。

自分がここで生活するためには、どのレベルだったら納得できるかという基準を自分で決めていくわけです。少しずつ話題にしなくなるのです。でも心の深いところにストレスを溜めているのです。それが家庭の中でも夫と妻とでも違ってくる。子どももまた違う。だからもうみんなが違う話になってしまいます。

子どもはダブルで心配を抱え込みます。家族の不仲という心配、さらに放射能の心配。でもそれは今まで二つともなかった心配でしょう。それは子どもにとってものすごく大きな負担なわけでしょう。だって毎日続く心配でしょう。

親の問題なんて子どもには解決できない。でも子どもからすると、お父さんとお母さんは仲良くなってもらいたい。だから一生懸命、子どもなりに調整しようとするわけです。そうすると「ぼくがいい子であればいいよね」というみたいな話になってしまいます。「お父さんお母さんは喧嘩しないでね」、そんな親の顔色を見て育ってくる。自分のことじゃないところで神経をすり減らす、すり減らしながら育っていかなければならない。

さらに自分の命のことも考えていかなければいけない。将来、だから本当に「福島出身というだけで、結婚できっかね」みたいなことを子どもたちが心配しているのです。大学の先生たちや専門家の先生はそう言っていないことは分かります。でも世の中はそうではないのです。世の中にはそういうふうに思う人もいるわけです。

◆震災という体験を刻んでいく

青田　私たちは大変な災害に遭遇しました。その体験をきちっと整理して、これからの災害に備える必要あると思います。解決策は見出せないかもしれないです。それでも想定をちゃんと皆さんに出していかないと、また同じことが起きるのだろうと思います。津波バージョン、地震バージョン、原発バージョンで障害者の避難を考えていかないといけません。原発の再稼動もその上でないといけないと思います。

例えば地震。東日本大地震の際、南相馬市では地震で亡くなった人はほとんどいません。東北全体でも地震で亡くなった人は少ないのです。ほとんどいないのです。阪神・淡路大震災のように直下型ではないです。家もそんなに潰れていない。でも地震で一番大変だったのはどこかというと大都市の仙台なのです。それは何故か。ライフラインなのです。電気、ガス、水道、電話、これが全部止まる。

私の子どもはカミさんと仙台に住んでいます。障害を持った子どもです。仙台がどれだけ過酷だったのか。地震があった当日は、南相馬と仙台を行ったり来たりしていました。だから私が仙台の家に戻るのが夜中の2時ぐらいになりました。もうこっちも心配だし、もう向こうは家族も心配だしみたいな、そんな大変な時間を過ごしました。

吉田　仙台までは、車で2時間ぐらいかかりますか？

青田　通常であれば2時間ちょっとで着くのです。それが3時間半から4時間くらいかかりました。主要幹線道が通れない。6号線が不通。津波も来ていますから、山手へ行くしかないのです。それも山は道が崩れていますから。生きている道を探していかなければならない。

仙台市内は電気がない。だから暖房が取れないのです。今の暖房ってみんな電気なのです。灯油のストーブは危ないからということでどんどんなくなっています。よくてファンヒーターしかないのです。

吉田　電気につないでボッと点火するのですね。

青田　暖房の確保ができない、というのがまず大問題。それから電話がつながらない。それで連絡が取れない。それから障害者、高齢者に至っては、もうとにかく避難所が使えない。特に都市部の避難所は使えない。

何故か。理由はもう簡単です。災害になると、避難所にどんな人が最初に入るか。足の速い人、避難所の近所の人が入ってきます。元気な人から入ります。中に入ったらもう場所取りが始まるじゃないですか。そしたら壁際から場所を取ります。しかも避難所を運営する人がいない。とにかくみんな、だあっと入ってしまいます。通路など作らないではないですか。ようやくあとから避難所にたどり着くのが高齢者と障害者なのです。車いすなど乗っている人はまず入れないのです。

今の避難所は大体、小学校か中学校です。バリアフリーなんかになっていないのです。その時点でまず入っていけないでしょ。それでも車いすが来れば、まあみんなで上げましょうとなります。上に上がります。そして入っていこうとしたら、みんな毛布とか敷いてあるから、もう中へ入っていけないわけです。

年寄りは、「ごめんなさい、ごめんなさい」で人垣を乗り越えていくでしょう。乗り越えていくときに片足で人垣を乗り越えていかないといけない。若い人はできるけれども高齢者にはそんなこともできない。さらに空いている場所は、体育館の真ん中しか空いてない。壁際はもう誰かいます。

そうなると高齢者と車いすの障害者はどこに行くかというと、ロビーしかない。ロビーは大体コンクリートの床です。しかも玄関の出入り口を人が出入りするたびに風が吹きさらします。だから無理だなと思うのです。でも家の中は危ない。家の中はガチャガチャになってしまっている。余震も立て続けに来ている。だから片付けなんてできない。

だから、外に出て、結果、最初のうちは車の中にいるしかない。ウチの子もカミさんと車の中に3日間いました。避難所は、決してバリアフリーではありません。だからカミさんは自宅避難所というやり方を選択しました。カミさんは用心深かったのです。ただ3日なんとかすれば、電気、ガス、水道が復旧すると思っていました。だから車に3日いた。でも結果3日たってもライフラインは復旧しなかった。でも、そのための備えをうちのカミさんはすでに取っていました。

まず、第一段階としてトイレ。これはもう必ずトイレの水の問題は出てくる。マンションは電気がアウトになった時点で、上のタンクから水も落ちてこないですから。それから水道も上がっていかない。だからうちはお風呂の水を抜かないようにしていました。実際、トイレはお風呂の水で3週間ぐらいもちます。

吉田　そうなんですか。

青田　大事に使います。おしっこは流さなくていい。下に落とせばいいだけでおっきいほうだけでしょう。大はそんなにしないですから。避難所では、一回使うとアウト。その時点でダメです。

あと一番最初に作ったのは避難する場所。うちの寝たきりの子どもの避難場所です。娘は普段はベッドの上で過ごしています。だから押し入れのある部屋です。倒れるものを置かないようにしています。そこに布団は全部入っている。下の棚に水と物資を入れておく。ここに逃げ込んでくれれば、ひとまず安心。体育館の避難所よりずっといいです。水があって布団もあって個室になっている。

そうは言っても3月です。雪が降っていました。寒かったです。電気が停まっているからエアコンがだめ、ストーブもだめ。うちのカミさんが用心深かったのはカセットコンロを用意しておいたのです。あのカセットコンロ2台とボンベ12本を持っていました。

吉田　ということは、日頃の備えが一番大事やということですね。

青田　だって、行政は何もしてくれないでしょう？　それは、避難所に行っても何もしてくれないではないですか。当初は自分で何とかするしかないわけでしょう。

うちの施設が南相馬市で支援の拠点になれたのは、ライフラインが残っていたからです。電気は大丈夫でした。ガスはプロパンだからすぐに復旧できます。水道は1日しか止まらなかった。うちはカフェをやっていましたから、給食用のコメ1年分も持っていたのです。1年分のコメがあって、水もありました。ガスがあったらお風呂にも入れます。そうしたらなんとかなるわけです。仙台であれだけライフラインが切れてしまうと、障害者の人たちはものすごく困りました。まず病院がアウトになりそうだったのです。病院は補助電源を持っていますが、3日間ぐらいしか持たないのです。

◆ライフラインの生きているところへ避難する

青田　もう1つはライフラインの生きているところまで避難してしまうということです。被災現場から避難するのです。

田村市で障害者施設を運営している鈴木絹江さん、彼女は原発のこともあったから、転々としながら新潟まで、介助者とその家族も連れてみんなでホテルに避難したのです。

吉田　あの判断はすごいですね。

青田　ホテルまで行ってしまえばご飯があります。ライフラインも大丈夫。それから部屋があるからプライバシーも確保できます。鈴木さんは介助者も連れて行っている。介助者の家族も行っているから安心でしょう。しかも仕事につながってるのです。被災地で避難所とかそういうところでは緊急に介助した場合にはお金がつくのです。

吉田　そういう制度があったんですか。

青田　そういう制度があるのです。だから絹江さんがやっている事業所も収入ゼロにはなってないわけです。働いている人も障害者と一緒に避難しているから介助しているわけです。お仕事になっているわけです。だからお金につながっているわけです。

◆「青田さん、今、温泉だよ。こっちへ来ないか」

青田　絹江さんたちは、新潟の月岡温泉へ避難しています。新潟で一番いい温泉に入っているのだから。あのとき確か１泊４２００円になっていたと思います。食事付きです。それは全国にいろんな形で避難所として受けてくれました。代金はあとで国が払ってくれる。立て替えて払っておけばいい。だから大災害の場合、旅館も避難所になってしまうのです。

自分の家でがんばるのもいいけれども、移動できる人だったらもう一気に外に出る。ライフラインの生きている旅館、ホテル、温泉、最高です。

電話がつながってきたころに、絹江さんから電話が来たのです。ほかでは、私は死んだかもしれないと言われていたのです。——地図で見ると、どうもうちの事業所は津波がきているらしい。しかも原発で30キロ以内に入っている。放射能も浴びているらしい。いつも海沿いのところ動いていた。連絡もつかない。死んでいるかもしれない――そんな情報が東京のほうにも流れていた。とにかくメールもつながらない。

そしたら絹江さんが「今、月岡温泉にいて、ここは、いいど〜。部屋は暖かいし、温泉だし、久しぶりにのんびりしたなあ〜」なんて羨ましい話。

「青田さんも来るか〜」

これだ！って思いました。がんばって避難所へ行くより、温泉まで行ってしまったほうがいい。

吉田　ナイスな判断ですね！

青田　放射能に関しては見識の広い人なので、とにかくやばいから動こうと考えたのですね。動くときにはやっぱり放射能の届かない所へ。１００キロ以上、外に行かなければならない。それにヘルパーさんたちも子どもさんを抱えている人が多い。彼女たちなどを逃がさなきゃいけない。自分たちと一緒に逃げれば、自分たちも安心だし、体も楽だしというこ とがあったと思います。

◆「障害を持った方はいませんか？」——障害者が消えた！

青田　当時、全国から支援の人たちが応援で入ってきました。最初何をしたかと言いますと障害者を探すのです。みんなで障害者が避難所にどれだけいるか。そしてどんな支援が必要か聞いて回ろうとしました。ところがいないのです、障害者が。

福島県には約280ヵ所、初期に避難所がありました。全部を調べました。結果、全部で障害者は350人ぐらいしかいないです。1つの避難所に一人ぐらいしかいないのです。

「他の人たちはどこへ行ったんだ！」

つまり障害者は避難所へ入れないことが明らかになったと思います。

吉田　俺も行こうとは思わへん！　トイレのそばはくさいけれど、下の世話というのは一番微妙なとこがある。臭いがしようが何しようが、俺やったらトイレのそばに行く。

青田　確かにトイレの問題は大きいと思います。ライフラインは全部止まっています。だからトイレを一度使うと、一発ジャーッて流したら終わりです。そうすると川まで水を汲みにいかなきゃならない。水道が全部止まっていますから。だから障害者と高齢者にとって避難所のトイレは過酷です。避難所をバリアフリーにしてくれてるわけじゃないです。

吉田　そうそう震災直後、仙台に行きました。障害者はみんな戻って、「たすけっと」の事務所に集まっていた。動けなかった人はなんとか介護者と連絡を取ろうとしたんだけれど、連絡の取りようがない。

2年前に来た時は健常者と来たんじゃなくて障害者同士で来たんです。仙台に入ったとき、というか東京を離れてからかな、宇都宮から入ってくるにつれて、あれ障害者少なくなるなって思ったんです。

まず、コンビニにご飯とか買いに行くでしょ。そしたらね、視線を感じるのです。ほんでコンビニへ入っていったら、どういうんかな、関西やったら、結構、先にドアを開けるとか、そういうのが徹底されているというのがある、店員さんがどう対応したらよいのかわからへんみたいな空気を感じるのですね。仙台の人になんでなんやと聞いたら、「ちょっと元気な障害者はもう東京へ行っちゃう」「東京へ行ったほうが暮らしやすい」って答えてくれました。

青田　東北のほうは、地域で生活している障害者は本当に少ないです。あとはやっぱり施設中心。もともとそうなのです。学校そのものが障害種別に分かれています。その中でも、知的障害者の養護学校は各地区にあります。肢体不自由児の学校、盲学校、ろう学校などは東北では県内にほぼ一校です。それは福島とか仙台とか盛岡にあるわけです。そうすると、そこに行くしかない。

目の見えない子どもたちは親元を離れて入所して生活する。6歳からもう寮生活をする。18歳になって高等部まで進んで、卒業する。じゃあ田舎に戻ろうとしても障害者が生活する環境ができてない。だから、戻れない。さらにその頃には、実家の世代が変わっている。子どもさんの世帯になってお嫁さんが来ている。そこに障害を持った人が帰ってきて暮らせるのか？　戻りにくくなっています。まして地域でも、その人たちを受け入れるところは、仙台とか盛岡とか都市部にしかないわけです。もともとだからいないのです。

吉田　南相馬には小さな作業所はあんまりないのですか？

青田　精神の人と知的障害の人だけです。だから肢体不自由の人、もちろん重度の人も地域に住んでいないのです。うちが初めてここに施設を作ったのです。障害者はいるのです。それは分かっているのです。なんらかの理由で在宅になっているのです。高齢者のお母さんと一緒にいる人がいるのです。

だから私は、自分の子どものことも含めて、将来、うちの子どもも帰ってくる場所がないという現実がありました。最初のうちは、「誰か作ってくんねえかな～」って考えていました。でも東北の施設の大きいところは、自分のことは自分でできて、家庭的に問題がない人が入れるのです。需要は逆なのです。

◆障害者の死亡率

青田　ＮＨＫの報道で、今度の震災で総人口の死亡率と障害者を比べると障害者のほうが倍の人数が亡くなっていると、報道されています。でもそれは数字のマジックです。福島県から岩手までの被災地をそれぞれ比べてみないといけない。福島県は１％亡くなっています。宮城は４％ぐらいになっている。岩手は４％ぐらいです。それらを平均をすると２％ぐらいになります。

吉田　岩手はそんなに高いんですか？

青田　それはなぜかといいますと、宮城、岩手は海沿いに施設があったのです。例えば気仙沼にしても、南三陸町にしても、石巻にしても港街です。街の中心が港なのです。だから津波が来ると、街の３分の１、半分が被害を受けます。

だから亡くなる人が多いのです。普通に亡くなる人も多いし、障害者も当然、亡くなる人が多い。でも福島県は街の中心が港街ではありません。7～8キロ内陸にあるのです。海沿いには小さな集落しかないのです。小さな集落ですから亡くなっている人も少ない。当然、障害者も少ない。何故福島は障害者は少なかったのかというと、さっきのお話に戻ります。もともと地域に障害者が住んでいないのです。

でも、もうちょっと詳しく見ていくと違ってきます。見落としているのは高齢者です。つまり高齢障害者です。高齢になって障害者手帳をもらった人は多いのです。でも手帳をもらっていない高齢者はもっと多いです。その人たちがたくさん亡くなったのです。亡くなっている人は、福島では3分の1は高齢者と障害者です。ということは1％、2％の世界ではないのです。

私の地元は鳥崎という集落です。ここの集落だけを見ても、住民の10％が亡くなっています。昼間は、この地域には高齢者しかいません。だから10％の人たちは半分以上が高齢者の人です。だから障害がある、援護が必要な人の死亡率は、1％、2％の世界ではないのです。

東北は人口密度が少ないですから、逆にいうと、これだけで済んだかもしれない。もし東南海、南海トラフが動いて地震が起こるとみんな海沿いにあります。それこそ東京から名古屋までの海沿いにみっちり市街地があります。そこに4キロ、5キロの内陸まで津波が来たら、大変なことになります。

◆私たちは経験を伝える義務があります

吉田　俺は3・11のとき、大阪にいました。あの時、7階にいました。関西でもよう揺れた。揺れたらエレベーターって止まるでしょ。そのフロアに10人ぐらいいたんやけど、人が分かる。そう思った。

「車いす、大丈夫か！　俺がおんぶして下ろしてやる」という奴。窓に行って周りを見る奴、階段のほうに行く奴、じっとしている奴、やっぱ分かれる。人間性が出る。その人との関係性とかが、如実に出るんやろうな。だから、最後までがんばった人、患者さんと障害者、介助者の関係性。なんでその介護者の人が、がんばれたのかと言うか、人を救おうと出てきたんかと言うか、そこをどう考えたらいいのか……。

青田　それで助けようとした人はほとんど亡くなっています。亡くなるとアウトなのです。では助けなくて良いのかということです。逆に、助けに入れなかった介護師さんたちもいるのです。その人たちは、もう一生この仕事に就けないと言っています。

目の前で、自分たちの患者さんたちが亡くなっていくのを見るしかなかった。その中にはベッドの手すりを持って、柱にしがみついて流されないように押さえていた人がいました。その人が、一緒に力尽きて流される。だからそうなってしまってはダメなのです。それはその前に、想定をやった上で、じゃあ自分たちはどうするのか、というそこに対策を立ててもらわないと、同じことがまた起きる。

岩手県大船渡市に高齢者の小規模多機能型デイサービスの施設「赤崎町デイサービスセンター」があります。大きいものではなくて一軒家を借りて、認知症の老人のデイサービスを提供しています。6~7人集めています。海のそばにあるところなのです。

そこの話を聞いてみると、すごいなと思いました。2日前に震度4の地震が来ているのです。その時に数人の利用者がいました。岩手の津波の経験のある年寄りたちですから、ばあっと逃げたわけです。当然、津波注意報が出たのですから避難しなければならなかったのですが……。ところが一人のおばあさんがトイレに閉じこもって、鍵をかけて出てこない。

職員たちは、どうしたら利用者にすばやく避難してもらうかを考えました。お年寄りは自分の荷物にこだわりを持ちやすいことを思い出し、持ち物を玄関に並べました。作戦は成功しました。お年寄りは玄関に来ました。職員がその人たちを集めてきて車に乗せた。しかし、その立てこもったおばあさんを説得して中から出すのに、40分くらいかかったのです。ようやく出てきてもらって、車に乗せて高台に避難しました。

大概の職員だったら、「津波注意報が出たけれども、津波来なくてよかったね。やれやれ、大変だったね」、チャンチャンで帰ってしまうではないですか。その施設の職員のすごいところは、お年寄りの人たちを帰したあとに集まって、「これでは実際、本当に津波が来たら、俺たちもう死んでるよね」という話をしたのです。

おばあさんを置いといて逃げられないではないですか。バラバラの人を集めるのに30分も40分もかかっている。どうすべきか相談をしました。トイレに閉じこもるおばあさんをどうするか、説得していては間に合わない。だったらば、この戸を取り外しできるようにしてしまおうとしたと言います。

2日後、あの地震が来ました。同じおばあさんが同じ行動をする。揺れがものすごい。その間におばあさんはトイレに行っているわけです。しかも鍵かける。年寄りの人はとりあえず揺れがひどかったので、建物の中でじいっとしている。でも、おそらくこの揺れが収まった瞬間、またばあっと出て行くだろう。でもすぐに職員の人が、玄関のところに荷物を持っていって、揺れが収まった瞬間に、「みなさん、ここに荷物あります」と言った瞬間、みなさんどっと玄関に集まる。トイレのおばあさんは、ドアを外して職員がそのまま抱えて、車の中へ乗せました。1・5キロぐらい離れた高台の施設に到着したのが、午後2時55分。地震発生から10分足らずで避難完了。その20分後に津波が到達しました。

NHK文化厚生事業団のシンポジウムでここの法人の所長さんとご一緒しました。所長の内田さんに話したら、「いやあ、うちの職員は2日前の失敗から学んだ。そしてお年寄りに耳にたこができるぐらい話をされていた」と言っていました。結局、その人たちは津波を経験してるじゃないですか。やっぱりいっぱい死んでる人がいるじゃないですか。だから津波の怖さを知っているから、本気になって逃げるのです。

「高齢者が本気に逃げている姿を見て、津波を経験していない若い人たちも逃げないといけないと思うのです。地震が来るたびにその話をずっと聞かされているわけです。地震が来て、何人、亡くなったんだ。隣のじっちゃんが亡くなったんだって話をずうっと聞いているのです。だからその危機感がいつも入っていたから、迅速に避難する行動ができたんだ。だから、あの年寄りの人たちがいたから逃げられたんだ」と内田さんは話してくれました。

やはり災害の経験はきちんと整理して伝えていかないといけないと思います。震災後、いろんなところでいろんな災害の備えの話なんか出てきていても、それを本当に自分のものとして受け止めることで、やはり変わってくると思うのです。

◆「福島県には住めない土地がある」と長崎の人がいいました

青田　うちの事業所は残って仕事を続けてきました。全国から支援の人が入ってくれました。その中に広島、長崎の方たちがいました。長崎の方が「長崎、広島、福島は同じ被ばく地だけれども、福島は違うかもしれないね。長崎、広島は人の住めないところはなかった」「でも福島は人の住めないところができたんじゃないですか」。

長崎、広島は被爆二世の問題が今も続いています。戦後60年以上過ぎても、補償の問題が続いています。だから福島はこれからそうなります。福島県には人の住めないところがあるということは危ないところということです。そこがずっと残るんでしょう。その危ないところに一番、近くで人が住んでいるのは南相馬です。

中にいるとそうは感じないのです。生活は徐々に元に戻りつつある。でもそんなに考えたことがなかった。外から見るとそういうことなんだなと思います。会津や中通りまでは来る人はいます。しかしここまで来る人は、一度、被災地を見てみたいという人。被災地を支援する人。ここで生活したいという人は来ない。

今、原発の再稼動が話題になっています。原発の安全性が問われています。いろいろ論議されています。それはあくまで原発のハード面だけです。しかし今、全国の原発の周辺に住む人たちの安全をちゃんと考えているのか。避難する計画ができているか。できていませんす。福島の経験が継承されていないじゃないですか。15万人の人が避難したままじゃないですか。原発震災は、全然、終わっていないのです。ということは、地域の防災で原発事故のような災害が起こったときにどうしていくのか。どういう災害対策ができているのか。全然できていない。

原発の再稼動では、安全性のハード面の論議もあるけれど、地域の防災計画ができているのか。そこまでいかないと再稼動はできないと思います。

＊月刊むすぶ５００号（２０１２年10月末号）、同５１１号（２０１３年８月末号）、同５１２号（２０１３年９月末号）、同５１３号（２０１３年10月末号）掲載原稿を元に再構成しました。

災害と障害者

――3・11東日本大震災の支援に回って

八幡隆司

◆3・11、東北へ

皆さん、こんにちは。ゆめ風基金の八幡です。まだこの福島という地域は、宮城、岩手と違って、災害が片付いていない、まだ進行中なので、いろいろ話すことも難しいかとは思います。ただやはり、今後二度と同じ過ちを繰り返さないようにと思っています。阪神淡路大震災はあまり教訓にならなかった、新潟の2回の地震も教訓にならなかった。そしてこれだけの多くの犠牲者が出た災害が、もし教訓にならなかったら日本で災害で被害を受ける障害者はどうすればいいのか。

私の経験と、今日は皆さんの経験とを重ね合わせながら、今、私がどういうことを全国に発信しているのかということを知っていただければというふうに思っています。

2011年、私自身は、3月17日に関西を出て、18日には郡山に入りました。その間、大阪の救援ネットとか、東京の救援ネットとか、いろんな支援のネットワークの構築をしていました。最初ガソリンがなかったですから、道路も寸断されている状況で、普通だったら3日ぐらいで入るのですが、ちょっと日にちがかかってしまいました。

最初に医療的物資を中心に運んで、この福島の郡山で障害者の皆さんに集まっていただいて、支援を受けるというだけでなく、支援をする側にも回っていただけないか、事務局長はこっちで出すからという形でお願いをしました。それで福島の方を中心にここの支援は行われたというふうに思っています。

私はそのあと、宮城、岩手と飛び、あと東京のメンバーがこちらに入り込んでちょっと応援はさせていただきました。しかしあくまで地元中心に全国のボランティアが入りこんで、支援をしてきたというのがこれまでの経過ではないかというふうに思っております。

◆障害者がいないんです

ただここでもそうですし、宮城も岩手もそうですが、ボランティアと一緒に避難所を回っても障害者がいないのです。それはもう阪神淡路大震災のときから分かっていたことで、障害者というのは避難所にぱっと行ける状態ではありません。

宮城の「たすけっと」というヘルパー派遣を行っている団体の障害者も、みんなで学校に避難しようと学校に行ったら、もう大勢の人で体育館が埋め尽くされて身動きが取れないような状態だったということです。

ましてその日は体育館は寒く、3月11日は雪も降っていたような日ですから、これはもうここにいたら死んでしまうということで、事務所に戻ってきます。事務所も表のガラスは割れていて、それをブルーシートで覆いました。事務所の内部をいろいろと仕切ったり、囲ったりして使えるようにしました。下に布団を敷いて寝ようかと思ったけれども、怖くて寝られなかったそうです。またぐらっと来て、起こしてもらって、車いすに乗って逃げるというのでは遅いのではないかというふうに思って、車いすのまま寝たというふうに聞いています。

ほかでも今回、逃げ遅れというのは、呼吸器を付けた人たちが救急車を呼んだら、救急車が到着したときには、一緒に津波に流されてしまったというような話もあり、いろいろ悲惨な話は多いです。そこから何を学び取るかということが一番大事だと思っています。とにかく今回の災害で問題になったことは、地域にいるはずの障害者がどこにいるのか分からない。行政が名簿を開示できない。そのことが大きな問題になりました。名簿が出なかったということもあり、今度災害基本対策法というのが改正され、行政が名簿をちゃんと用意しなさいというようになっています。

それも災害が起きたあとについては、障害者の同意なく名簿を出せる。しかし災害前には同意が必要だということもあって、何が変わるのかというのは非常に疑問を持っています。

◆障害者はどこにいるのかを知るには

実際にその名簿をどうやって確保しながら、どうやって出せばいいのでしょうか。「安否確認」と一言で言うのですが、その「安否確認」には3つの段階があるというふうに思っています。

1つは津波、あるいは原発事故のように、もうすぐに避難しましょうという、避難のための安否確認です。

「一緒に逃げましょう」というときの安否確認というのは、これが津波と原発事故ではちょっと違います。津波だと本当に1分、1秒を争います。そういうときに行政から後出しで名簿を出していくというのでは間に合いません。川の氾濫もそうです。洪水があって、堤防が決壊して、すぐに逃げないといけないというときもそうです。避難情報が必要なときは、そういう恐れがある区域に住んでいる方の障害者情報というのは、どうしても近所に公開をしなければいけないようなことだと思っています。

原発事故というのは、ゆめ風基金としては自然災害ではないので、原発を止めたらいいではないかという主張をしています。また人災という形で、またいつ何時に起こるか分かりません。東南海地震が起きたとき、静岡などはまったくここと同じ状況になるでしょう。津波がやってくる近くにまさに原発があって、どうしようもないような状況です。

ただ津波に直接遭うところと、海から少し離れているところでは、少し状況が違います。30分以内に逃げなければいけないということはない。2〜3時間のうちに逃げるということであれば、少し体制が整えられるかと思います。

その場合には、今度は福祉関係者ということになってくると思います。普段サービスを受けている福祉事業者の人たちと一緒に逃げるというのが、障害者の場合、一番心強いものです。そういう意味で言うと福祉関係者のネットワークの中で、脱出方法を図るというのが、同じ避難でも原発事故と津波とでは違うのではないかと思っています。

2つめは、阪神淡路大震災のときに、マンションに取り残された状態とか、ものの下敷きになって動けないというのがよくありました。救出のための安否確認というのがあります。これも荷物ががばっと倒れて下敷きになってしまう場合、大体3日以内に救出すれば生存率が高いようです。

しかし3日とは言わず、24時間以内に助けなければいけない。こうなってくると、やはり近所の人に助けてもらう。それと地域の福祉サービスの人が安否確認に行くことが可能かというふうに思います。だからそういうときには、ひょっとしたら後出しで名簿を出しても間に合うかもしれませんが、できれば、やはり事前に災害が起こったときには、個人個人でこういうふうな人に助けてもらいますよという計画作りをしておくことが必要です。その計画作りの中で、近所の人がいいのか、近くにヘルパーさんが住んでいるのなら、ヘルパーさんに助けてもらうとか、計画しておくことです。

3つめの安否確認です。今回JDF（日本障害フォーラム）が南相馬で行ったように、もう避難生活に入ってしまったけれども、食料がないとか、介助が必要だとかいうような状態の人です。「生活支援のための安否確認」と私は呼んでいます。生活支援のための安否確認というのは、福祉サービスそのものを継続することです。

今、大体避難所というのは、7日間で区切られているのですが、これまでの大きな災害で7日間で避難所が終わるわけではありません。もう1カ月、2カ月の避難生活というのがざらになっています。仮設住宅に入ってもまだ支援が必要です。1年、2年の継続した支援が必要になってきます。これはもう完全に福祉サービスを行っている団体に名簿を開示しなければならないというふうに思っています。

だから今、法律が改正されて、行政がどういう名簿の扱いをしようとしているのかというのが非常に大事になっています。ひょっとしたら、行政は自主防災組織にしか名簿を出さないと考えているかもしれません。

福祉団体にというときも、すべての団体に名簿を出すわけにはいきませんから、その名簿を統一して扱う窓口がどこになっているかというのを決めておかないといけません。ここに出せばいろんな障害者団体が連携して安否確認をするからというところがなければ、あっちに出して、こっちに出さないということになると不公平になる。逆に行政が名簿を開示しなければいけないにもかかわらず、開示しない理由を私たちの側が作ってしまうかもしれないという恐れがあるわけです。

◆地域でのつながりを作る

震災前から私が職場にしているところでは、自立支援協議会地域部会というのを作って、防災にも取り組んでいます。実を言うと、防災に取り組むというよりも、われわれの大阪市城東区の自立支援協議会というのはもともと地域全体を見ているので、障害者駆け込み110番みたいなものがあって、民生委員さんに情報が行ったら、A地区だったら、Bという作業所なり施設が民生委員さんから受けた相談に乗るとか、相談を聞きます。C地区だったらDという作業所なり施設が民生委員さんから受けた相談について解決をするとか、地区割りをする各施設の担当者がいます。

また近くの施設といっても、例えば知的の専門施設で、身体の相談が入ってくることもありますから、最終的にはその自立支援協議会全体で受けた相談を処理するというような仕組み作りができています。そういう意味では、ある程度、障害者団体と、地域の民生委員さんなり、老人憩いの家も窓口になっていますので、そういうところも普段からネットワークを作って、その仕組みをもってそのまま防災に関わろうという形にはなっています。

地域によって違うかもしれませんが、私はまずその地域に障害者の支援ネットワークがないというのが、今回問題だと思います。つまりゆめ風基金が支援に入る、JDFが入る、でも地元の中心的受け皿はどこなのか。南相馬で言えば青田由幸さんなどがいます。でも別に地域の代表ではないです。個人・団体でたまたま受けたというような形でした。本当を言うと、その地域として、支援のネットワークがないと、なかなか難しいのではないかと思っています。

◆福祉避難所は有効か

もう1つ、福祉避難所についてです。福祉避難所というのが、今回やけに注目を浴びています。今、全国の自治体で福祉避難所の協定を一生懸命結んでいます。でもその福祉避難所というのが、本当に役に立つのかといったときに、いくつか疑問があります。

もともと福祉避難所という言葉自体が阪神淡路大震災でいろんな障害者施設が受け皿になって、もっと障害者施設を生かしたらどうかという形で福祉避難所というのができています。そのあとしばらく忘れられていて、新潟県の1回目の地震のときには、福祉避難所など設置されず、そのあとに起こった能登の地震で福祉避難所というのが初めて設置されました。新潟県の2回目の地震でも福祉避難所は設置されています。

ただし、これらの福祉避難所というのは、公民館なら公民館をとにかく福祉避難所にしようと、県なり市が決めて、そこに高齢者施設の協会にお願いして、職員をどっと派遣してもらって、指定避難所で困っている障害者やお年寄りを移動させたのが、福祉避難所なのです。

今回違うのは、もともと協定があったことです。例えば仙台の障害者福祉センターというところと、そこを運営する財団法人の身体障害者福祉協会と仙台市とが、何かあったときには福祉避難所として開設してくださいという事前協定がありました。その事前協定に基づいて福祉避難所が開設されました。だから非常に協定が大事なのだという話になっているのです。

ただこれも大きな間違いです。今回地震が起きたのが午後2時半でした。つまりデイサービスをやっている途中にぐらっときて、それで帰すに帰せなくなってしまったのです。つまり保護者に来てもらって迎えに来てもらわないと、単に家に帰すのは危険だということで、そのまま保護者を待っていたら、結局来てもらえない方もたくさんいらっしゃって、夜まで泊まり込まざるを得なくなった。

職員としては、障害者だけほっておくわけにはいかないので、何とか人手が足りているうちに、今度は別の障害者が避難しに来たりして、結局協定があったかなかったかにかかわらず、福祉避難所と化したというのが現実だと思うのです。

さっき言った「たすけっと」なども、協定など結んでいないけれども、障害者が5人、6人と実際避難していたわけです。協定の有無にかかわらず、残っていた福祉施設は大抵、利用者を帰すに帰せなくて、みんな福祉避難所になっていたのです。

これが実際の協定の中身で言いますと、名古屋は10人以上の障害者が避難できるところについて協定を結びました。人手についてはそのときに何とかしてくださいということでした。行政としては学校とかいろんなところを見て、そこに障害者が避難しているとき、相手にお願いをして人員配置ができて、開けてもいいですよという許可が下りる。それから障害者を移動させる仕組みというのを考えています。

◆学校はやさしくありません

しかし大体、まず小学校に障害者が避難していないのです。福祉避難所を開設する前提となる小学校へ避難する障害者がいないわけです。

私たちは実際に学校回りをしましたが、結構こもってしまっている人たちがいるのです。一家3人、4人が障害者だとか、親戚を頼れない人たちがいたりとかします。学校の体育館ではなく、グラウンドに開設するボランティアのテントと同じようにテントに避難している。そうするとなかなか気付かなかったとかということがありました。

また、受付で「障害者いませんか」と聞いたら、「ここにはいませんよ」と。その言っている横をダウン症の人が歩いているわけです。ダウン症の人たちは顔つきに特徴があるので、私たちは分かるのですが、町の人たちからすると全然分からないのです。「親子で仲良く手を組んで歩いているね」と見られている人は、実は視覚障害者で杖をなくしていて、アベックで歩かざるを得なかった人だったりとかします。その人が視覚障害者だという町の人の自覚がない。

お弁当が来たと言ってもなかなか取りに来ないおじいちゃんがいるというと、その人は聴覚障害者で周りから見て分からないから、「あの人はなかなか何を言っても聞いてくれない」という扱われ方をしているというようなこともありました。

車いすに乗っている人は障害者だけれども、そうでない人は障害者というふうになかなか見てくれなかったりします。もともと受付段階で障害者の把握がされていないというのが実態だと思います。

親戚宅に行った人はみんな何とかなったように思われています。しかし親戚宅へ行っても、知的障害者、多動の人のお母さんが、親戚宅で最初の1週間は気を使ってもらえたけれども、もう2週間目ぐらいになってくると、「あなたの育て方が悪いからこんな子になった」どうのこうのと言われて、お母さんがノイローゼになってしまって、そのまま2人とも入院してしまったという人もいます。

離れみたいなところに入れられ、だんだん食事も取らなくなってしまう。避難はできたけれども、「父ちゃんと一緒に死んだらよかった」みたいなことを毎日考えながら親戚宅で暮らしていた人もいるわけです。決して親戚宅がよかったということでもないのです。

◆福祉避難所を開設できるのか

その人たちが求めている避難所というのは実は二次的な避難所ではないのです。最初から福祉避難所の開設というのを本当は考えないといけない。小学校へ避難しているか、していないかにかかわらず、障害者が避難してくるといったら直ちに開ける福祉避難所が必要なのですが、行政では今そういうのは一切考えていません。もうどこの福祉避難所協定を見ても、二次的避難所という言い方をしています。

仙台で実際に福祉避難所協定を結んだときには、近隣市町村から応援に来ると書いてあったみたいなのです。でも近隣市町村も被災しています。人の応援などないです。仙台市内は地震の被害は少なかったので、まだ動ける人もいました。自分たちでボランティアサークルや点訳サークル、手話サークルとか、いろんなところにお願いして、それでなんとかようよう避難所を開設したと聞いています。

実際に、福祉避難所というようなことを考えたときに、福祉センターが近くにあればいいですが、そういうのは街中でも結構遠かったりします。本当を言うと、近所の小学校に避難をしなければいけないということがあるのだろうけれども、実際に学校へ避難しない理由は何だと思いますか。

大阪市の小学校はすべてバリアフリー、障害者用トイレも1階に4つ5つあります。それでもアンケートを取ると、皆さん小学校には行きたくないと答えます。つまりバリアの問題ではないのです。知った人がいない、関わりが薄いがために、行って介助をお願いするなど、そんな迷惑を掛けるようなことを言っちゃいけないと思ってしまうから、実際に行けないのです。

どんどん声を掛けていいのです。「階段を上げてください」ぐらい言えばいいのです。ただそういうことが言い出しにくいので、実際にはなかなか行かないということがあるのです。建物構造のバリアよりも、心のバリアのほうが問題だというふうに私は思っています。

現に町内会の会長さんとか、民生委員さんにアンケートを取ってみると、「障害者の方たち、ぜひ来てください」という答えなのです。「できないことはできないですが、できることならとにかく私たちはやります」という気持ちがある。しかしさっき言ったように、障害者のほうは行く気がない。このことをどう考えるか。

◆障害者とヘルパーの関係も変わりました

私の友だちが言うのですが、「よくよく考えてみると、金でつながっているやつばかりだ」と言うのです。朝起きたら、ヘルパーと一緒に何かして、それから日中活動に行って、帰りもどこかに買い物に行く。「酒でも飲みに行こうか」と言ったら、ヘルパー自身も「私はヘルパー以外のときは介助しませんから、誰か介助を連れてきてください」とか言われて、安心して関われる人がいない。

私は、無償時代からやっていたから、ヘルパーというのはあまり好きではない。私は障害者のサポーターという位置付けです。完全にくっついていく立場にあります。今は障害者と友だちになっちゃいけないとか、二級ヘルパーの講座のテキストに書いてあるのです。高齢者のヘルパーと障害者のヘルパーとは全然違うのに、一緒くたにそのルールが書いてあったりするので、大嫌いなのです。

もともとは学生相手にビラをまいたり、地域の人たちにビラをまいたりして介護者をあつめていました。いかに町の人間を障害者の側にひきつけるかということでいっぱいやってきたのです。ある程度、金が出てしまうと、もうヘルパーを全部プロにしてしまって、資格のないやつはだめのようになっているではないですか。そうなってくると、周りはそれでいいと思ってしまって、関わらなくていいと思ってしまうのです。

ある民生委員さんが、高齢者の方が独り住まいということで気になって、Aというお宅へ行った。すると留守だった。2～3日して行ったらまた留守で、あまり心配になって夜行ってみたら、電気がついていた。

「あなたどうしたの」と聞いたら、「いや、最近デイサービスに通っててね」と。デイサービスに通っているとかどうのこうの、いちいち民生委員さんに言う必要はないかもしれないけれども、そうなってしまうと、いなくても「あの人、デイサービス行ってるんだろう」という形で放置されると、今度は孤独死とか、孤立死とかにつながってしまいます。

そういう意味では、高齢者・障害者が、近所との関わりを持たずに生きているということ自体、相当問題があるのではないでしょうか。

私は障害者運動に関わって30年少しです。まだまだ若輩者ですが、少し言わせてもらいます。ノーマライゼーションの理念というのは、別に山にいるから、町の中にいるから、ノーマライゼーションとは限らないそうです。だから山から町に行くとノーマライゼーションというわけではないのです。

つまり専門家・ヘルパーに自分の生活を委ねてしまうことが、これがもうノーマライゼーションの理念から外れているのです。「自己決定」ということがよく言われます。自分で動き、自分でいろんな町の人を開拓し、そして町の中で生きるということをやらないといけないのではないでしょうか。ヘルパーに生かされているというだけでは、山の中にいるのと変わらないではないかという話になります。私はその意見に大賛成です。町の中に出てきたのなら、町のルールもある、自治会もあります。

そういうところに参加するのも1つの義務とも言えるかもしれません。障害者は掃除とか、そういうことを免除される。しかし免除されていいのか。ヘルパーに頼むといっても、ヘルパーはそういうことを公的にすると怒られます。溝掃除にヘルパーを駆り出す。「内緒だけど」と言ったらできます。ここら辺が非常に使いづらいのです。

◆障害者の視線を持つこと

一時的避難所として、ホテルも含めて福祉避難所になり得るのかということの問題があります。それから近くに福祉センターもなければ、ホテルもないようなところもある。ということは学校へ避難せざるを得ないということを考えたときに、障害者が学校に避難できないのは、健常者がまともに生活できないからなのです。

「行って受付けを作りましょう」「本部を作りましょう」とササササッと動いて、「1階の教室を高齢者と障害者のために空けましょう」とやってくれたら、安心して行けます。しかしみんな何をしていいか分からないと集まってきます。だから最初に行ったセンターの人たちも、行った学校、行った学校、人がワアッとなっていて、何をしていいか分からない。混乱状態の中で、人ばかりいて、その中にぽつんとしていると、「これはここにいてもどうしようもない」と言って、体育館を出て行くわけです。

本当を言うと、避難所というのは、健常者そのものが「あそこに行けば誰かが何とかしてくれる」と考えて行くところなのです。でもその誰かというのは誰なのですか。自分たちで運営をするというのが行政の基本で、行政はあくまで人数をカウントして、物資を届けたり、サポートをする。避難所開設は自分たちでしなければいけないのだけれども、例えばライフラインが止まっていると、トイレの水も出ません。

まず学校の門を開ける、それから体育館の門を開ける、またプールの鍵も開ける。そしてバケツも持ってくるということを理解して、避難所に行く人が何人いますか。おそらく1人もいないわけです。自分のトイレの始末さえできない人が障害者にやさしくなれと言っても無理です。

だからまず健常者が、きちんとできる場所を作ろう、本部を作ろうというような開設訓練が必要です。今、福祉避難室という言い方で大阪ではちょこちょこ出てきていますが、体育館ではなく、1階の空き教室に障害者に来てもらいましょうというところまで決めているところも随分あります。

◆ストレスを減らして関連死を防ぐには

避難しているときというのは、大体我慢大会になっているわけです。ＰＴＳＤ（心的外傷後ストレス障害）で亡くなった人、避難所のグラウンドで車の中で亡くなった人は別に高齢者ではないのです。50代の若い男性が亡くなったりしています。結構ストレスが溜まって、仮設住宅に行ったら亡くなったとか、避難所で亡くなった方もいます。

災害で助かった命が、災害後に亡くなる関連死。今、福島では関連死のほうが完全に直接死を上回っています。つまりその関連死そのものをなくすには、どうしたらいいかという訓練が自分たちにされていないという問題なのです。

健常者の私たちが災害で最初にやるのは、学校では机の下に逃げ込みます。しかし車いすの人たちだったら、机の下に逃げ込むこともできないですね。そのあとグラウンドに集まって、何分何秒で逃げられましたと、それだけなのです。

そこからあとで命を落とすということは考えていません。ですから本当はもう小学校のうちから避難所開設訓練をしておく必要があります。「受付はこうやりましょう」「ごみはこういうふうにやることにしましょう」「本部にこんな相談が持ち込まれましたが、どうしたらいいですか」「食料班は人数を数えて……」などをトレーニングしていったらいいと思います。

子どもたちも本当にストレスが溜まってきています。私たちボランティアが駆けつけたときに、1週間に一度休みを与えるのですが、4月末の段階で、あるボランティアが「子どもたちと遊びに行きたい」と言い出しました。サッカーボールを持ってきたから避難所に行って遊ぶと言っていました。

それで実際に避難所に行ったら子どもたちがどう言ったか。「遊んでいいの？」と言ったのです。震災から1カ月半経って、「遊んでいいの？」と言うことはそれだけ遊んではいけないと思っていた裏返しです。ゴールデンウィークが過ぎてから、グラブとバットが届けられたり、サッカー協会からサッカーボールが届いたりしたのですが、ゴールデンウィーク前というのはそれだけまだ抑え込まれているような状態でした。結果的に言うと、子どもたちはPTSDというような形でストレスが溜まって、その怖さから逃れられない子どもたちがいっぱいいました。

南三陸で私が手伝いをお願いした人の娘さんは、震災のときはなんともなく、震度4でもなんともなかったのだけれども、年が明けてから久しぶりに震度4が来たときに、全部記憶が飛んでしまいました。怖くなってしまって、学校に行けなくなってしまいました。多分震災後ずっと我慢に我慢を重ねていたことが、グラッと来て思い出してしまったのです。

だからといって、例えば4つ5つの子だったら、最初は怖いけれども、慣れたら走り回りたい。でもお母さんから「走っちゃだめ」「周りの人に迷惑だからうるさくしてはだめ」などと言われ続ける。子どもにストレスが溜まってしまう。そうではなく、震災直後でも、「うちの子、遊びたいと言ってるから1年1組の教室空けてもらえませんか。遊び場にしたいんですが」と言えばいいのです。しかしお母さんも言いたいけれども、そんな度胸はありません。

つまり高齢者でも、いすがあるにもかかわらず、そのいすが欲しいと言えない。座り込んでしまう。座り込んでしまうともう立てないという状態になるのが分かっていて座り込んでしまうという人がたくさんいます。それぐらいみんなが我慢しているんだから、私も我慢しなくちゃという形で、みんな我慢大会をしているわけです。

そうではなく、避難所であらかじめ訓練をして、「うちの子は多分遊びたいさかりだから、1年1組は遊び場にして、高学年は1年2組を遊び場に」など、いろいろ最初から考えておいたらいいのです。ペットがいる人もいるでしょう。体育館も健常者が200人なり集まって、「さあ、ここで寝てください」と言ったら、絶対端っこから荷物を置きます。そうしたら視覚障害者たちが壁伝いに歩けなくなるわけです。「ちょっと通路は90センチメートルなり、1メートルなり取りましょう。車いすの人も通れるように、通路を取ってから避難しましょう」とかいうことに慣れていればいいわけです。

みんなが体育館に行ったときに右往左往している状態ではなく、てきぱきと動いている状態があれば、全然違ってきます。「ここの避難所なら、私たちも避難できるな」と思えます。

◆臨機応変に対応するためには障害者と健常者も一緒に考えませんか

今は、教室は開けない、体育館だけ開けて、2~3日経って行政が入り込んでちょっとずつ整理されるというのだったら、最初の2~3日はストレスを軽減して過ごせていないわけです。健常者がきちんと避難所で最初から安心して過ごせるようなそういう訓練をしていれば全然違うと思います。

だから私は絶対に避難所開設訓練はやらなければいけないと思っています。ただその開設訓練というのも、健常者ばかりでやられてしまったら、健常者のものになってしまうのです。だからそこに障害者も加わっていないといけないのです。

私は体育館みたいなところで、「避難所で1週間生活するのにどんなものがいりますか」とよく言います。健常者がやったら健常者のものしか出てきませんが、障害者と一緒だったら、車いすがいるだの、杖がいるだの、いろいろ出てきます。そういうふうに何がいるかとお互いに言い合うというのは、障害者も健常者も一緒になってできる訓練です。健常者だけでばたばた動かれる訓練には、障害者はついていけないのです。

こないだも避難所運営ゲームというのを静岡でやりました。車いすの方と一緒に参加したのですが、「これは障害者参加は無理だ」と思って諦めて帰ってきました。1泊訓練だけだったら、何とかできます。障害者も参加しやすい訓練です。そういうふうに障害者も避難所訓練に参加することによって、コミュニケーションをするわけです。「私はここにいますよ」という問題をアピールすることが大事です。

絵画展とかをやっていても、障害者と見に来た人がきちんと会話していないことが多かったりするのです。「誰々さんが描いたんやね」と声をかけるという人もいますが、ただ単に絵を見に来ただけ、バザーをやっても、買い物に来ただけで、障害者のAさん、Bさんと、健常者のCさん、Dさんと話していないのです。

交流というのは、Aさん、Bさん、Cさん、Dさんがちゃんと直接声をかけあって、名前を呼び合うというのが交流なのです。「車いすの人がいたわ」程度ではだめなのです。「私は私」という強烈な自己主張をすることで、初めて交流になるわけです。

そういう形で地域の人たちとの交流を進めるには、私は防災が一番いいのではないかと思います。防災をきっかけにして、それを中心にしてやるというのがいいのではないかと思っています。

◆ハード面での有効な取り組みも大切——押しかけ方式が大切

もう1つ、郡山はまだ障害者団体は仲良くしていましたが、地域によると障害者団体が仲が悪いところもあります。今回、聴覚は聴覚、視覚は視覚と、全国団体がいっぱい出てきて、はっきり言ってうっとうしいです。もっと仲良くして災害のときぐらい横並びでやればいいのに、自分ところの手柄みたいに思っている人たちがときどきいます。

ある障害者協会はその障害者協会で固まっていて、自分の会員に金を配ろうとして、それを他の障害者に渡したりしません。自分のところで金を集めて、自分のところで金をまくだけですから、そういう意味ではなかなか横のつながりは難しいのです。金ぐらいはそうしてもいいですが、やはり連携ぐらいはしようというのが必要だと思います。

だから障害者団体として、各市町村でどうするか、県でどうするか、そういう横並びが必要だと思います。今年（2013年）からWAM NET（独立行政法人福祉医療機構が運営する、福祉・保健・医療の総合情報サイト及びネットワーク）を中心に、各県で障害者支援のための福祉職員を派遣するという仕組みを作ろうという動きがあります。それに対して1カ所に結構な金額、1千万か、2千万円出ていたと思います。私はこんなことをやってもまったく無駄金を使っていると思っています。

集めるのは簡単なのです。2011年3月末時点で、国は福祉職員2800人の了解を取り付けました。つまりその2800人が被災地に来ていたら、随分様相が変わったのに、ほとんど1人の派遣もなかったのです。

それはなぜかと言うと、国は各県に要請をかけます。それで名簿提出があって、それを国が集めます。今度は被災地に何人必要かと県に投げかけます。すると県は市町村に投げかけます。ところが市町村は、被災の混乱のあまり、そんな紙は見ていません。毎日毎日山のような紙が来るわけですから、見ていられないわけです。そして市町村から要望がなかったということで、1人も派遣をしていないわけです。公式的には、待てど暮らせど、登録したけれども派遣がないと、施設の職員はみんな言っていました。

窓口を通じて答えると準備をしなければいけません。そんなことを施設でやっていられませんから、押しかけるしかなかったのです。つまり押しかけて、最初の人が先遣隊で行って、次の人がこういう仕組みが必要だ、寝泊まりは自分でちゃんと確保できるようにとか、そういう情報を持ってやっていく。そういう状態で、押しかけたらやることはいくらでもあったのに、押しかけ方式ではないために、要望があって、答えるという仕組み自体が震災のときに全然動いていないという形になりました。

新潟では最近、大きな地震が2回ありました。新潟県中越地震（2004年）では被災地障害者支援センターというのができました。これに20日かかりました。2回目の新潟県中越沖地震（2007年）のときは押しかけ方式を取りました。3日目で被災地障害者支援センターを作って、1週間の間に1千人からの安否確認を得ています。これも押しかけ方式です。

安否確認だけではなく、各障害者団体に人手がいるかどうかということで、呼びもしないのに2~3人来てくれて助かったというような団体がたくさんありました。この方式だといけるのですが、今回の震災では、新潟の2回目の地震でやった方針が生かされず、国は正規の手続きで要望をお伺いしたために誰も派遣されなかったのです。

しいて言うと、原発で千葉のほうに集団移転したその団体には職員派遣を行いました。集団移転した施設は人手が足らなくなっていますから、そういうところはむしろ丁寧に派遣をしました。

◆災害が起こる前に仕組みを作りましょう

仕組みづくりについてです。本当は全国的なネットワークを持っている団体というのは多いのです。CILならCILの全国団体であるとか、身体は身体、聴覚は聴覚とか、いろんな形でつながっています。

中には非常に仲が良いところもあり、呼べばすぐに来てくれるというところもあります。人手の確保という意味では、自分のところが被災をしても、友だちを呼べるという強みで、結構障害者団体自身のほうが、何とかなるのではないか。あるいは福祉サービス事業者同士のネットワークで何とかなるのではないか。

そういう意味で、災害があったら、まずどこに集まるかを決めないといけません。郡山市だったら、何とかセンターにみんな集まるんだということを最初から決めていたら、私が来て「支援センターをどこに作ってください。事務所はどこにしますか」と言わずに済んだわけです。

今回福島、宮城、岩手と作りましたが、各市町村レベルで支援センターというのが確立していれば、非常にやり方は変わったと思います。だから学校に避難をするというとき、訓練をしたらひょっとしたらコミュニケーションも踏まえて、学校に避難できるかもしれません。でも3日はいいけれども、4日目はということになった場合、その支援センターに行ったら何とかしてくれるという仕組みがあると、バックアップ組織があるからと学校にも行きやすいのです。3日間ここでがんばったらあとは支援センターに行けばいいというふうに思えると学校にも行きやすくなります。

そうでないとヘルパー事業所とも連絡がつかないし、どこに連絡したらいいのか、自分がどうしたらいいのかということが分からなかったとなります。

だから災害が起こったときに、誰と連絡を取ってどうしたらいいかがまったく分からない、見えていない状態が問題なのです。最初は自分の利用している事業所に連絡をする。

その事業所の電話が無理だったら、何とか1日以内には、障害者支援センターが立ち上がるからそこに連絡を取ればいいとか。

連絡といってもなかなか電話も通じないところで難しいですから、誰かに走ってもらって、こういう人がいますという信号を出しに行く先があれば向かえます。あそこまで行けば何とかなると分かればそこへ行くことができます。そういう仕組み作りが何とかならないかと思っています。

◆障害者が地域とつながることが大切

私が言いたいのは、とにかく障害者の皆さんが地域の人たちと付き合うということです。そんなに簡単に地域と付き合うといっても、ある日突然「こんにちは」と言いにいけるわけではないので、そういう意味では防災をネタにするというが1つの手段かなと思います。別に防災でなくても、草取りの手伝いをしてもらおうとか、溝掃除のときに「私の代わりにやってね」という人を増やすような形で、日常につなげる近所付き合いをやっていかないとと思います。防災のためだけだと息切れします。「避難訓練も一緒にやりましょう」というように、障害者が言うことによって助かるのは健常者なのです。

皆さんが「助けて」という声を出すことによって、実際には避難所運営訓練をしましょうということで助かるのは健常者が助かるわけです。健常者が助かればおのずと障害者も助かるという絵になるわけですから、そういう仕組み作りがいいのではないかと思います。そしてまた障害者支援センターがやはり災害時にはいります。だからあらかじめどこに集まるかを決めておいて、機材もちゃんと用意して、いろんな関係団体には連絡を取り合ってやる。

これも言うのは簡単ですが、地域によっては全然横の連携など取れていないようなところもまだまだたくさんあると思います。そういうところは行政に音頭を取ってもらってでも、災害のときにはちゃんと集まろうと決めておくことが大事です。

各市町村に1カ所、障害者支援センターができるような形にする。そこを通じて名簿の公開といったときに、ここに渡せば安否確認をしてもらえると行政もはっきり分かります。避難訓練などの状態でいけば、名簿公開というか自分をさらけ出すことによって、事前に名簿の公開に同意して、自分の名前は地域に覚えてもらうという形で、最初から用意しておく。いざというときに助けてもらうような仕組み作りがいると思います。こういうことを今、私は全国あちこちで言い回っています。それでよければ、皆さんの了解も得て、より一層そういうことを広めていきたいと思っています。

もう1つ最後に言いたいことですが、この原発事故というのは広域避難になります。ですから市町村の支援センターよりも県の支援センターのほうが問題になってくるわけです。つまり県で支援センターをしっかりと作っておいてもらったらいいのです。だから二次避難所ではなく、一次避難所として福祉避難所を開設するという意識を行政に求めるということはすごく大事です。

原発事故の場合は近所の人たちと何かやれば何とかなるというレベルの話ではないので、県レベルの仕組みというか、広域対応の仕組みというのをちゃんと作っておかないと、本当にいざというときに逃げ出す場所がない。

長年、運動を続けて、戸山サンライズというのを私たちは作りました。そこには主にいわきの人たちが避難してきました。ホテル代がただになるかと思ったら、東京都は福島県さえ避難場所に指定してくれたら、ただでいいと言ったら、福島県はこんなものを指定した覚えはないと言ったために、お金を払わなければいけなくなりました。無駄な金です。何百万だったか結構な金額でした。

それはやはり二次的な避難所としてしか考えていないからです。最初から障害者が危険を感じたら逃げるというところの一次避難所として、行政に認めていただいたら、あとからちゃんと県が認めるという方向でやってくれたらこんなこともなかったのだろうと思います。しかし今のところ、福祉避難所協定さえ結んでいれば障害者は安全だ、みたいな形で協定を結んで安心している自治体が多いと思います。

私の講演はこれで終わりです。今日はどうもありがとうございました。

＊２０１３年11月24日（日）、第４回ふくしまフォーラムでの講演をまとめました。

資料

障害がある人もない人も
共に安心して暮らし・働ける南相馬市めざして

障害のある人への訪問調査報告書

ＪＤＦ被災地障がい者支援センターふくしま
実施事務局：ＮＰＯ法人さぽーとセンターぴあ
（デイサポートセンターぴーなっつ）

２０１２年９月30日現在

緊急避難時における要援護者調査からの現状・課題についての要約

はじめに・・・・・・・・・・・・・・

●この調査の目的は、①障害のある人やその家族の所在確認と安否確認。②緊急避難時における支援の確認。③災害後からの経験から避難時の問題改善を整理する。④緊急の生活困難の把握と対応。⑤当事者・家族の話を聞くことによるケア。⑥問題対応へのさまざまな関係機関との連携づくりなどにありました。

●調査対象

65歳未満の身体障害者手帳か療育手帳を所持している人

小高地区を除いた１１３９名（２０１１年実施）。

第１次調査　4月30日から5月6日まで
　身障手帳1、2、3級　療育手帳Aの人

第２次調査　5月23日から6月10日まで
　身障手帳4、5、6級　療育手帳Bの人

追跡調査　6月12日から9月末まで
　第１次・２次調査で不在だった人

●調査方法

　２人１組の調査員で直接家に訪問し、対面方式で直接聞き取る。本人からの聞き取りが困難であったり不在だった場合は、家族から聞き取る。

　全国の障害者関係事業所の現場職員が１週間単位で延べ６１８名が参加した。

調査結果から・・・・・・・・・・・・

【亡くなった障害のある人の大多数は、高齢障害者】

　災害は、誰にでも同じように降りかかるが、その影響は障害のある人は、一般の人より甚大である。

　今回の大震災で被害に遭った沿岸部全体を見てみると死亡率は、障害のある人は一般の人の倍近くであった。南相馬市の場合は、比率は大きな差がなかった。

しかし、亡くなった障害のある人の年代を見てみると65歳以上の障害のある人が全体の9割近くを占めている。もともと障害のある人の3／4近くは、高齢者であったが、その比ではなかった。

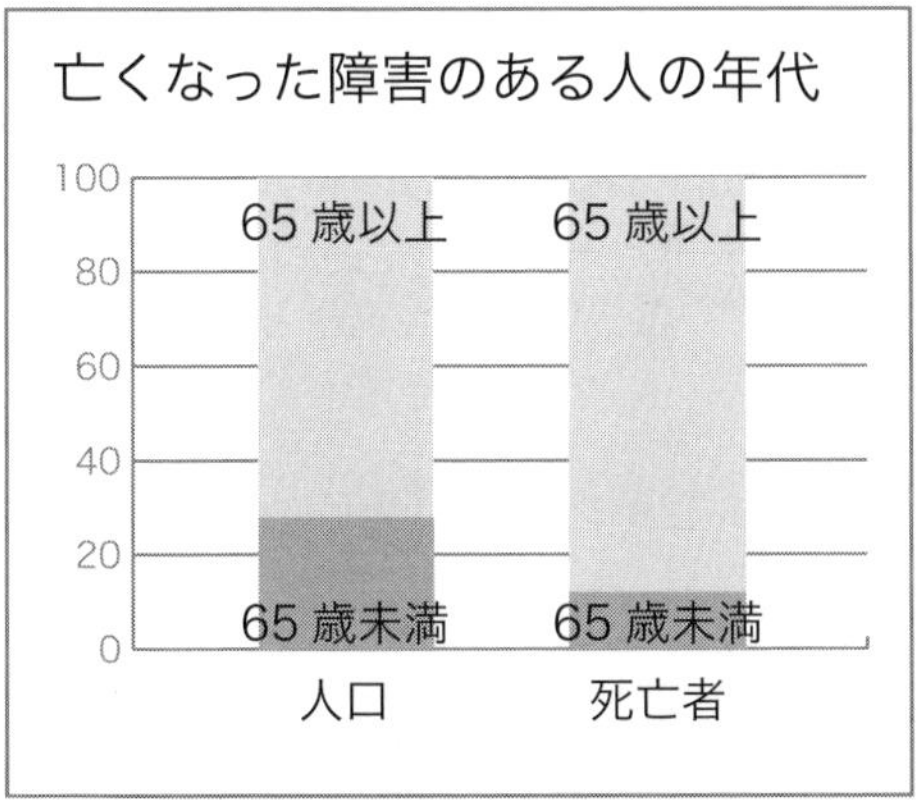

【2割もの障害のある人は避難しなかった・できなかった】
原発事故後の緊急時に避難できなかった障害のある人も2割を超えていた。
その原因として以下のことがある。

●情報の伝達方法と内容
窓を閉め切った状態での防災無線が聞こえず、テロップによる情報も今回は「放射能」にかかわるもので、意味がくみ取れず危険性がわかった上で判断できなかったということもある。

●障害に配慮した移動手段の確保
下肢障害のある人や体をまったく曲げられない人など福祉車両やストレッチャーでの移動が必要な例もあったが、準備がされず、断念した。体調管理上、車での長時間移動が難しい場合もあった。

住民が一斉に避難し、つきあいがあった近隣も混乱し、支援がなかったことによって断念した。移動時の介助者確保ができなかったため断念した。

●医療面での不安

透析をやっている人や心臓病がある人、感染に弱い人など劣悪な環境下に耐えられないことにより断念した。

●避難生活への不安

・糖尿病の人の栄養管理や咀嚼が難しい人などの食事管理への不安。

・知らない人が苦手な発達障害児・者の避難所での集団生活の不安。大勢の人との生活からくるストレスに対応できない精神障害のある人。特異な声や行動、ふるまいから周りのトラブルを心配して断念。

・物理的環境面からの不安。

・車いす使用や身体面での障害からトイレ・移動などの物理的障壁の難しさから住み慣れた環境からは離れきれなかった。

・見守り・介助への不安。重度の知的障害者や発達障害児への見守りが広い空間では、とても難しいことでの断念。生活に最低必要な荷物を運び出せなかったので。

・慣れ親しんだ人や環境を変えることの困難さ。高齢者を抱え、一緒に避難できなかったり、親しい友人が避難しなかった。

【緊急避難時の困難さは、すべての障害のある人に関わること＝要援護者名簿はすべてを対象に】

避難しなかった・できなかった人の約2／3は、障害の重い人たちであった。避難する際の困難さは非常に大きく、また、一人ひとり事情が違うこともある。個別性も十分配慮すべきことである。

一方で、中・軽度の人も1／3近くいた。避難時において、手帳にもとづいた重度の人のみが困難を抱えるわけでなく、すべての障害のある人が困難を抱える可能性がある。

緊急時に備えた要援護者名簿は、すべての

障害のある人を対象として作製すべきことである。

【半数以上の人が3週間以内で南相馬市に戻る】

在住者の避難経験は、年代が高くなるにつれ、若干数値が上がってきている。これは、年代が高い人が多く避難したというよりは、避難した人が多く戻ってきたことによる。やはり、高齢の障害のある人にとって、住み慣れた環境下での生活と厳しい避難生活とでは、たとえ以前の街なみに戻っていなくても、原発事故による不安定な状況が続いていても南相馬市に戻ってくることを選択していった。

避難日数については、平均は26・4日であっ

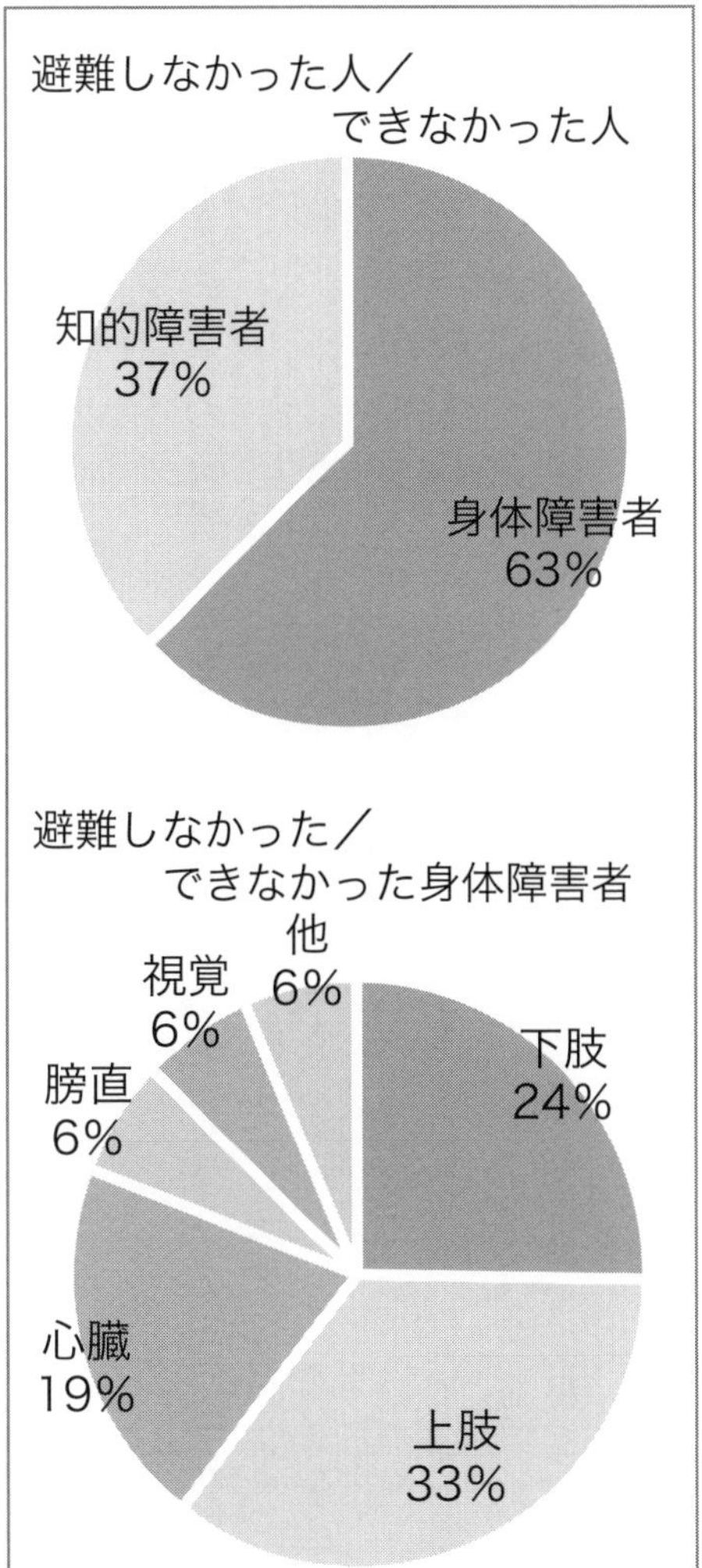

た。最少日数は1日であった。半数以上はおおよそ3週間以内に南相馬市に戻ってきた。第1次避難所に緊急に駆けつけたが、混乱した状況と困難な生活から避難所を転々とする人も多かった。

避難経験として、県外避難経験が7割近くいる。原発事故後、一斉避難の際、バス移動で一端県外にとにかく行ったことやなるべく遠くへの避難を考えたことが大きな原因である。県外避難を続けることが困難で多くの人たちが戻ってきた。

避難先としては、半数が避難所であったが、やはりさまざまな困難から親族の所に避難した人も4割いた。ただ、もっとも近しい親族の所も避難者が殺到し、3週間ほどたつと生活が困難になる人も多かった。

中には、馬小屋で数日過ごした人もいた。また、発達障害児を抱える家庭では、校庭に車を置き、そこで生活した人もいた。

【避難所から戻って来た理由】

●物理的環境による困難さ

さまざまな段差・階段、ドアの狭さ・重さ、空間の広さなどにより、危険であったり、日常生活に大きな支障がでたりした。いろんな場所や物の配置がまったく違ってどこに何があるか分からず、生活が困難であった。避難所にはいれず、車生活をしていたが、3週間が限界であった。親族の家でも気を遣い、3週間が限度であった。

●周囲との関係での困難さ

まわりからのクレーム、大きな声や動き回ることなど他人への迷惑をかけることの不安感、ひんぱんに入ってくる声や音、ひんぱんに感じるまわりからの視線、自分の体を知らない人にさらけだす恥ずかしさなどさまざまな体験と気疲れが蓄積された。

他県に行って、いろんな目で見られたので、福島から出たくない。

●日常生活の変化にともなう困難さ

生活変化にともなうストレス。1日の生活のリズムが崩れたり、体を動かす機会もなく、することもなく気持ちが落ち込んでいったりした。

●医療・介護面からの困難さ

続けていたリハビリの中断による身体機能低下。痴呆症の進行。寝たままの状態での褥瘡の進行。不衛生な環境下で体に菌が入った。かかりつけからの薬がはいらず、きれてしまった。

●情報がきちんと入って来なかったり、福祉サービスが受けられなかったり、中にはペットと一緒に避難した人も多く、生活が続けられなくなった理由もあった。

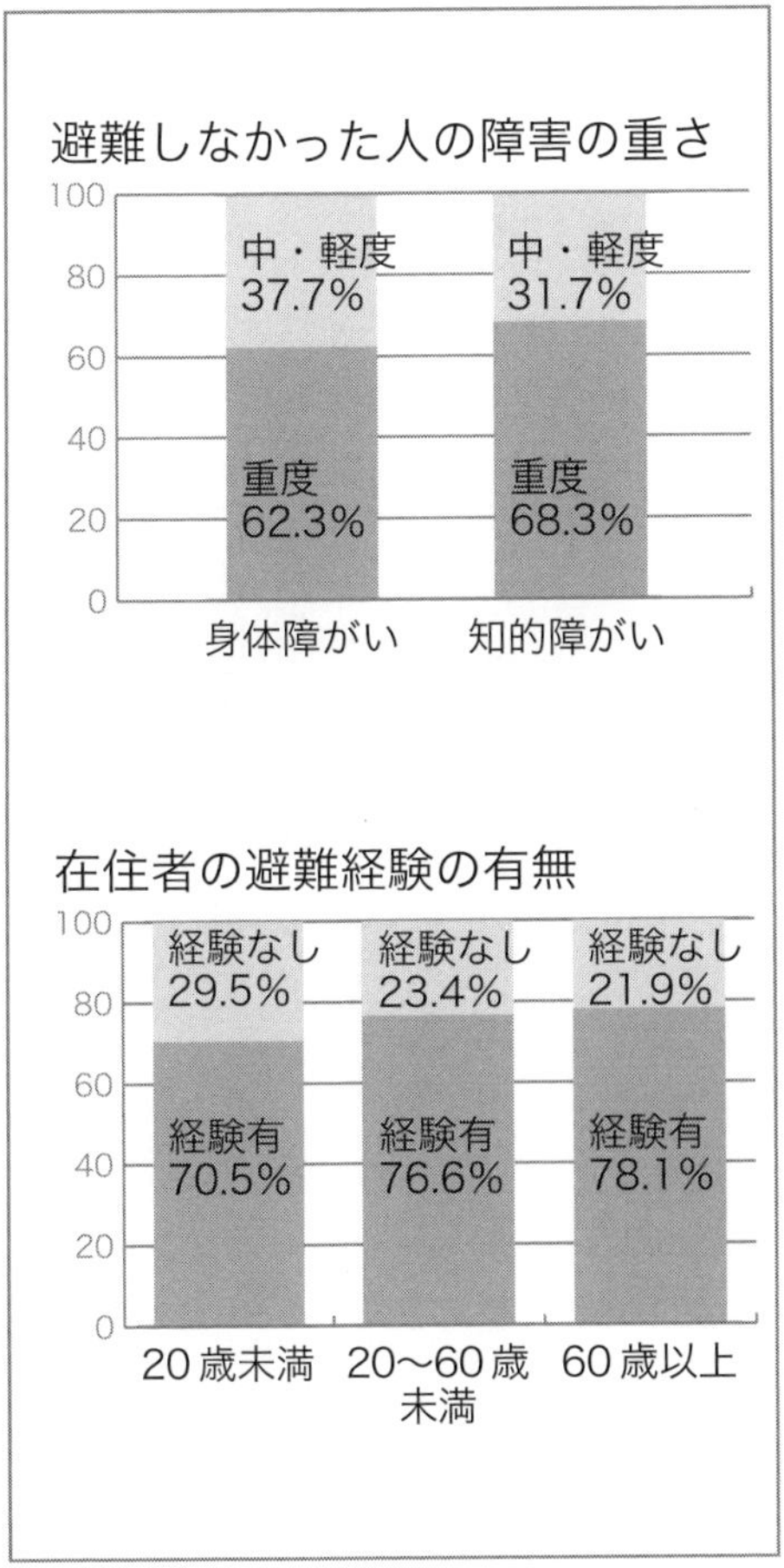

今後の計画づくりについて・・・・・・・・

【緊急時の要支援について】

●要援護者は誰か。あくまですべての障害のある人からリストを作り出すが大前提

緊急避難時の際に移動や搬送、介護等の支援が必要な人は、在住者の39％であった。不要な人は54％であった。その理由の多くは、自家用自動車等自分たちで逃げることができるなどであった。中には、他の人の世話になりたくないという人もいた。

しかし、自分たちで逃げるという人も家族全員がそろっている時は可能だが、運転手がいなかったり、父親が不在の時だったりした場合は、事情が変わってくる。

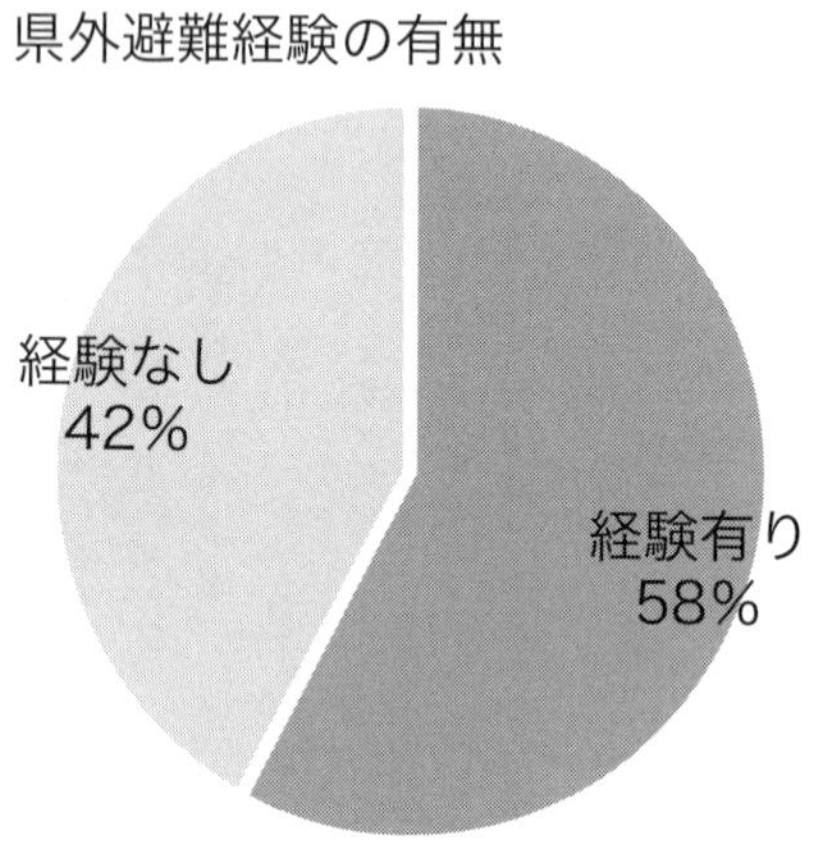

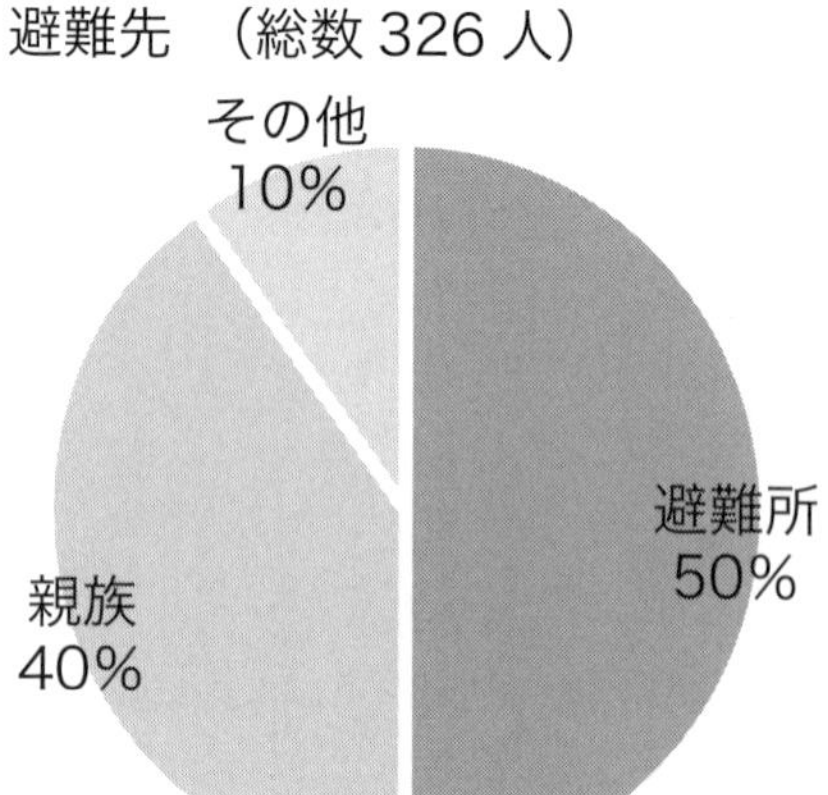

つまり、どんな非常時で、その時の家族の置かれている状況次第によって、避難時の要支援状態は変わってくる。あくまで、今の時点で想定しての支援の有無の希望であった。

要援護者名簿に基づいての支援は当然必要だが、非常時においては、それ以外の人の安全確認だけは必要であろう。

また、前述したが、手帳の級数だけで要援護者の対象者候補とするやり方は、非常に危険である。また、今回の調査では、精神障害のある人は調査対象とならなかった。発達障害児は、学校の協力のもとで希望者をあげることができた。一方で、高次脳機能障害や難病の人など手帳をもたない障害のある人は、対象から外れている。

災害は、手帳を持とうが持つまいが、同じように降りかかる。また、緊急時の避難の困難さは、手帳の級数で決まらない。一人ひとりの障害の内容やさまざまな機能の障害、家庭環境、近隣環境、本人の希望などさまざまな関係の中で要援護者名簿づくりはすすめるべきである。

＊「（防災及び防犯）第二十六条 国及び地方公共団体は、障害者が地域社会において安全にかつ安心して生活を営むことができるようにするため、障害者の性別、年齢、障害の状態及び生活の実態に応じて、防災及び防犯に関し必要な施策を講じなければならない。」

＊「（定義）第二条 この法律において、次の各号に掲げる用語の意義は、それぞれ当該各号に定めるところによる。

・**障害者** 身体障害、知的障害、精神障害（発達障害を含む。）その他の心身の機能の障害（以下「障害」と総称する。）がある者であって、障害及び社会的障壁により継続的に日常生活又は社会生活に相当な制限を受ける状態にあるものをいう。

・**社会的障壁** 障害がある者にとって

日常生活又は社会生活を営む上で障壁となるような社会における事物、制度、慣行、観念その他一切のものをいう。」

（「障害者基本法」より）

●緊急時における情報について

視覚障害や聴覚障害のある人に対する緊急時における情報保障の課題がある。緊急時において、電気系統が壊れてしまったり、携帯電話の使用が困難になったりする場合が多い。

今回の場合、防災無線や広報車の声が窓を閉め切った状態で入らなかったり、FAXが使えなかったりした。

さらに情報内容が理解しづらく、行動を起こす判断基準としてのわかりやすい情報提供が必要である。

また、近隣からの情報も非常時においては、非常に大切である。しかし、今回は隣近所も一斉に避難したという状況にあり、混乱して、いつもおつきあいがある近隣から情報がなかったりした。

情報源としては、①テレビ・ラジオなどの公共放送（障害のある人が聞いたり見たりしていることを配慮したやり方で）。②本人に対して特別の情報提供方法で公的機関からの情報提供。③近隣の地域住民・民生委員などからの情報提供など、重層的な情報提供が必要である。

●誰が避難支援を行うのか

時間の余裕がまったくない緊急の場合は、地域住民が中心となる。その場合は、そこに住む障害のある人と支援を行う地域の人との事前の緊急時支援に対する合意と支援内容の確認が必要である。要援護者名簿にのせるだけでなく、障害のある人の了解のもとでの事前の確認は、名簿を形骸化させないためにも重要である。要援護者名簿に基づいた緊急支援を実施する支援者がそのことを把握していないと名簿の意味をなさない。緊急時は支援者側もともすると被災している状況にあり、混乱している場合も多い。だからこそ、事前なのである。さらに民生委員や自治会役員などの避難確認者を置くことも大切だ。

特別の移送手段や避難支援が必要な場合は、事前の個別の緊急避難計画が必要となる。消防署・病院・警察・近隣の福祉事業所などが行う支援となる。

●搬送について

特別の車（救急車やリフトバスなど）での搬送が必要な人を、どこにある車をどこが責任をもって個別の搬送をするかという計画が必要である。今回の災害でも移動手段をめぐって避難を断念した人もいた。

【避難場所での支援や配慮について】

全体の61・7％の人が避難場所での支援や配慮が必要とされている。知的障害のある人が若干多い。避難時の支援に比べると倍の支援が必要とされている。避難場所は、生活の場ということでの幅広い支援が当然出てくる。

不要と答えた人は全体の約2割で、家族・親族などの家が避難場所として確保されている場合が多い。

●医療について

酸素ボンベが欠かせず、電源確保が必要であったり、ペースメーカーを使用し激しい運動が難しかったりした。腎臓病をわずらっている透析患者の人たちの透析問題は深刻であった。透析を受けられる病院確保とそこに行くまでの移動保障が課題である。

さまざまな病気との関係での薬の確保も大切である。特に特別の処方箋に基づく薬の確保などのため、事前に病院近くの避難所確保が必要である。

避難生活の大きな環境変化は、睡眠・体調などに大きな変調をきたす場合もある。特に精神的ケアは大切である。

●物理的環境について

もっとも多くの人に必要となる洋式ト

イレとベッドの配置は、必置である。姿勢保持のための椅子の配置や車いす使用可の入浴設備も避難所生活が長くなるならば、必要となる。

また、車いす使用可能な環境整備がある。段差の解消、一定の広さがある通路などである。

体調の管理が難しい人のためにも衛生面の配慮や横になってゆっくりと休める場所も必要だ。

避難所の設置条件についても周辺が車いす使用可能か、さらに玄関口にスロープの設置があるかなどがある。

●介助・支援・見守りについて

身体機能の障害にともなう日常生活面での援助や支援物資を自力で取りに行けない場合の支援が必要である。

聴覚障害、視覚障害のある人への適切な情報提供を支援する人が必要である。避難所に情報障害がある人がいるのがわかった時点での専門支援員の配置が必要だ。多動で目が離せず、特に人が多い所では顕著。危険防止のためにも見守りの支援が必要。

●食事について

透析患者の人や栄養管理が必要な人たちへの専門家が絡んだ栄養管理の下での食事提供や咀嚼が難しい人への配慮した形状の食材の提供が必要だ。

●集団生活上の配慮について

周囲への過剰な気遣いや周囲からの執拗な視線、声・音や過干渉などから適切に距離を置けるような環境配慮が必要です。集団生活が苦手な人たちへの仕切りや別室準備などの環境整理や周囲の人たちとトラブった時に調整に入ってくれる人の配置などである。また、頻繁な着替えができる遮断された空間や異臭が広がらない換気の配慮が必要だ。

なるべく知らない人ばかりの生活にならない配慮である。

●福祉避難所について

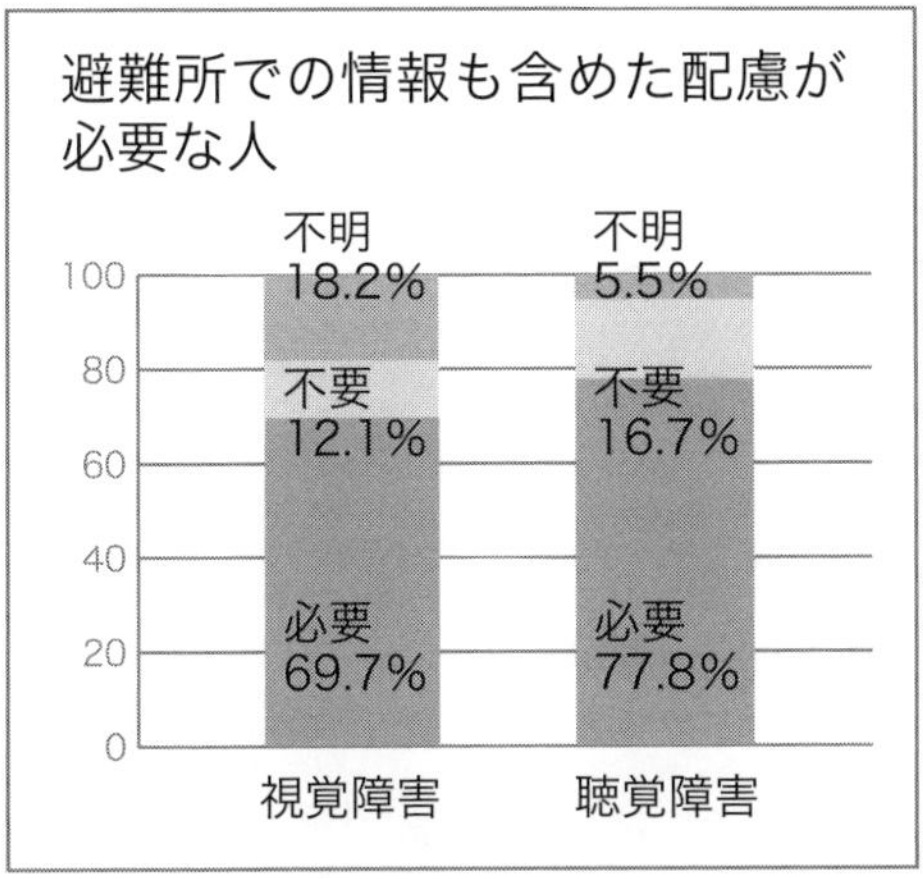

今回の調査活動の中で、手帳を持っていない発達障害児とその家族からの聞き取りも任意ではあったが行った。その避難体験は深刻で、多くの人が車の中で生活していた。また、子どもが落ち着かず、一方で本人の行動に対して周囲からの目を気にして、避難所を10カ所以上点々とした家族もいた。

避難できなかった障害のある人やその家族にとって、避難所生活がとても本人に耐えられないということで最初から避難の選択をしなかった家族もいた。

精神障害のある人、重度の身体障害のある人、行動障害のある人たちからも福祉避難所の声はあがってきた。今回の調査活動の中で福祉避難所を望む本当に多くの声が寄せられた。

どういった人を対象に、どんな目的で、どんな機能をもたせ、どんな環境と設備を準備し、どんな体制がある福祉避難所をどうやって作るのか。さらにその福祉避難所は、希望する人と事前のつながりをつくる必要がある。今は、厚労省の資料や通達文書で福祉避難所設置のことをたくさん述べていった。しかし、各地域に求められる福祉避難所が作られてきた実績は限られている。ややもすると行政からの希望アンケート1本でまとめている所もある。

既存の避難所経験をしたたくさんの障害のある人や家族が南相馬市にはいる。その人たちの体験談と希望にしっかりと耳を傾け、当事者・家族が望む福祉避難所の設置が望まれている。そのためには、関係者の総意で作られていくことが肝心ではないか。

若干のコメント・・・・・・・・・・・・・・・・・・

今回の調査活動は、震災から44日目から調査を開始しました。要援護者名簿づくりの資料づくりが目的でしたが、被災直後という状況下での調査は、直前の生活困難と精神的ケアという側面が強いものでした。

調査の対象となった方々は、福祉サービスにつながっているのは全体の3割強で、障害関係団体に組織されている方々も他の地域に比べると少ない状況で、他は福祉サイドからはつながっていない人たちでした。ただ、その人たちも地域の中でのつながりや大家族の中でのつながりを持っていた人も多くいました。しかし、今回の震災と原発事故は近隣環境を壊してしまい、子どもたちが遠方に避難していく中で、大家族の関係も崩れてしまう事態が生じました。その結果、日々の暮らしの中では、誰ともつながらなかったり、極端につながれる人が減ってしまう環境におかれました。そうした状況であったからこそ1人でも多くの人に会い、直接話を聞くことにこだわりました。不在宅には、4回も5回も訪問しました。

それでも直接本人と会えていない人が4割おられます。県外避難している人たちの実態は分かりません。大きな問題があった場合は相談の方に舞い込んできていますが。

本来なら1人のもれも無いようにということが一番肝心なことです。とりわけ昨今全国各地で障害のある人とその高齢家族の餓死事件が相次いでいる状況を考えるとその思いは強くなります。

調査活動では、避難時の状況、避難所の状

況の一部分を整理しただけです。今後要援護者名簿づくり（調査段階での第1次リストは提出済み）や避難計画づくりを本格化させるためには、緊急時の対応を考えると再度地域の方々（民生委員さんが一番いいと思います）に本人の了解のもとで名簿開示をすすめ（あくまで緊急避難計画づくりのみの名簿使用）、地域の民生委員さんによる障害当事者・家族との直接面談を通じての個別避難計画づくりが必要です（もちろん専門家のアドバイスをえた上で）。緊急時においては、結局地域の人たちが中心となって支援していくのが現実的であり、支援していく人たちが当事者を知り、避難計画を把握すべきだからです。

こうした計画づくりと併せ、そのことが実現できる土台づくりも必要である。それは行政も含めた地域社会全体が障害のある人の尊厳と命の重みを認め、守り、誰ひとり排除しない「共生社会づくり」がその土台となる。

その地域社会づくりのためには、地域で障害のある人が当たり前の生活を進めていける社会資源の整備やネットワークづくりが求められている。その土台がより強固になればなるほど緊急時に対応していける地域の力は大きくなっていく。

「緊急時の対応」は、限りなく「平時の生活が安心してその人らしい生活ができること」とつながっていく。

今から33年前、国際障害者年で「障害者を締め出す社会は、もろくて弱い社会である」と国連は提唱し宣言した。これから目指す南相馬市の復興計画がその基調として「障害がある人もない人と共に歩み地域で暮らしていける地域社会づくり」を置かれることを切望します。

全調査対象者の状況より・・・・・・・・・・

【震災による死者も障害者比率が高い】

２０１１年11月６日、身元判明者５３０名中、42名が障害者であり、全体比率の１・36倍にあたる。また、42名の障害者のうち、

	死亡身元判明者		うち障害者	
65歳未満	221	41.6%	5	11.9%
65歳以上	309	58.3%	37	88.1%
合計	530	100.0%	42	100.0%

88・1％の37名が、65歳以上であることからも、高齢に加え、障害のあることにより、死亡率が高くなったと推測される。

また、震災以降、震災や避難によるストレスなどによる病死、自殺、自然死、衰弱死（餓死）などの、いわゆる震災関連死についても、南相馬市では100名を上回る見込みである。

その大半が特別養護老人ホームなどの利用者、いわゆる高齢障害者であることなどからも、この数値を加えていくと、NHK調査の「この度の震災の一般の死亡率に比して、障害者の死亡率がおよそ2倍」という数字に近い状況、あるいは超える状況が、南相馬でも起こっている。

【半数以上の人が3週間以内に南相馬に戻る】

避難日数について回答の得られた329人（避難経験者492人）の平均日数は26・4日であった。

最小日数は1日であった、「原町の避難所に1泊したが、とてもここにいられないと自宅に戻った」人や車中で1泊した人、南相馬市内の馬小屋で数日を過ごした人などがいた。最大で130日、避難所の期限までいた人、平均値は22・8日なので半数以上の人はおよそ3週間以内に南相馬に戻ってきたことになる。

【避難場所から南相馬（自宅）に戻ってきた理由より】

●ストレス・周囲との関係

・環境の変化が相当なストレス。パニックが起きる。
・精神的にまいった。運動不足になった。情報もほとんど入ってこない。
・大きな場所は不安になる。不安になると大きな声を出す、泣くなどの事象につながる。
・友人宅に身を寄せていたが、居づらくなり戻ってきた。
・笑顔がなくなっていった。
・カテーテルを使用しているため、他の人と一緒に入浴はしたくない。トイレが詰まったとき何の根拠もなく、まわ

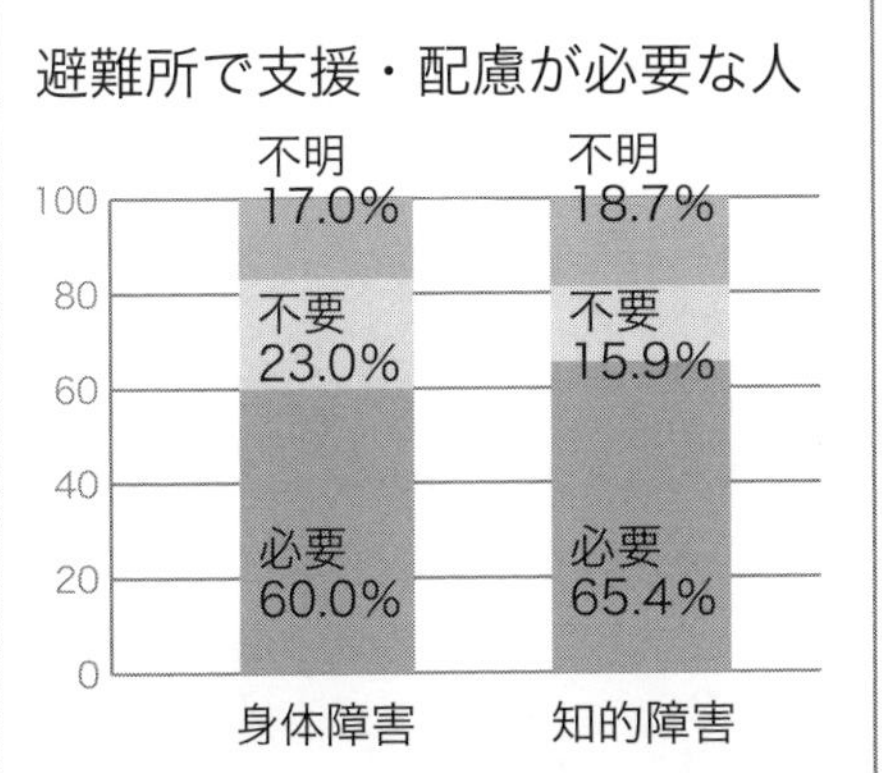

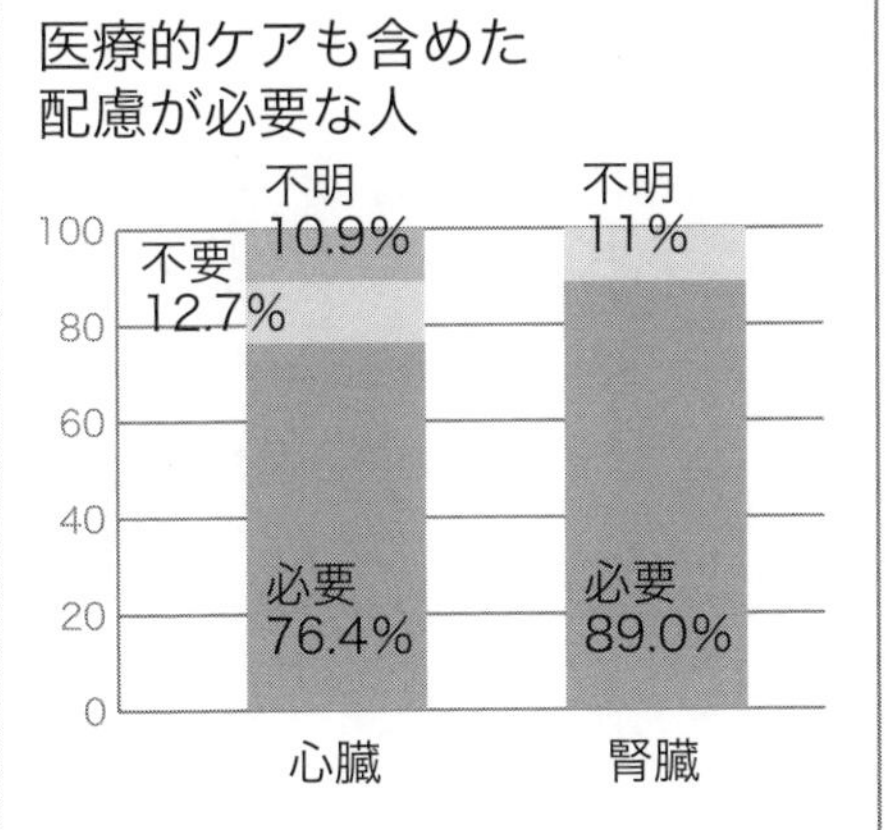

りから言われて辛かった。〝差別〟を受けたと感じている。避難所を出る際「1カ月後に戻って来なければ場所がない」と言われ、嫌な思いをした。住み慣れた土地で暮らしたいという気持ちもあるので、もう行きたくない。
・他府県へ避難した際、周囲の目や言動に辛い思いをしたので福島を出たくない。
・2週間が限界。
・家族・親族といえど気を遣う。3週間が限界。
・馬小屋で数日過ごしたが寒くて風邪を引いて困った。
・避難所に行ったが1泊だけして戻った。避難所は無理。
・郡山の避難所の駐車場の車中で数日過ごした。他人に迷惑をかけるから避難所の中には入れなかった。

●環境

・危険に対する理解が難しい→ドアにぶつかる。段差が分からない。どこかに行ってしまう。
・体も不自由で精神的にしんどくなりがち。避難所での生活は厳しい。
・入浴ができなかったため体に菌が入ってしまった。
・寒くてバリアフリーではなかったのでもう行きたくない。

●医療・介護

・リハビリが欠かせない。
・褥創があり、糖尿病がある。
・避難所では周りに迷惑がかかるので戻ってきた。何とか自分でするしかないと考えている。
・母は耳が遠く父は認知症。避難所から戻った際、かかりつけの病院が閉鎖しており、薬も底をつき始め困った。父親は徘徊を繰り返している。
・認知症の叔母が心配。

●その他

・ペットがいるので一緒に連れて行きたい。

・自主避難の場合、自己負担が大きい。
・トイレが頻繁。
・集団避難は、一人だけ戻って来られない。

【避難しなかった理由より】

●移動

・避難しようとした際、普通車両に「どうにかして乗ってください」と言われたが、体を曲げることができないので困った(ストレッチャーごとの搬送が必要)。
・暮らしに欠かせない荷物が多くて、車1台では避難できない。
・車を運転できない。荷物を運べない。

●環境

・車椅子で生活しているため歩行が困難。
・仮設トイレやお風呂は危険。体育館は手すりなどがなく避難が難しい。
・床には寝られない、座れないので避難所での生活は難しい。
・ペットが必要。

●体調・医療

・薬の手配ができるのかが心配。
・近くで透析が受けられるか心配。
・すぐに横になるなど休息が必要。
・体全体を薬でコントロールしている。朝は30分以上、マッサージをしないと動けない。
・糖尿病の状態が芳しくないので、避難できない。

●食事・体調

・糖尿病があるため食事面が心配。病状が悪化してしまう。

●集団生活・体調

・菌に弱いため大勢の人がいるところへは行けない。ストレスにも敏感。
・他人に迷惑をかける。
・集団に入れない。
・プライバシーが守られない。

●介助・見守り

・自宅以外での見守りは大変なので、移動はしたくない。

●家族・知人

・高齢者、障害者を抱えていて、家族だけでは避難できない。
・知人も「避難しない」と言っていたから。
・家畜の世話があり、高齢者を抱えている。
・家族が震災で亡くなり、対応できなかった。

●仕事・経済的
・仕事がある。
・経済的に困っている。

●不安・本人の意志・その他
・テレビで避難所の様子を見て難しいと判断した。
・避難所での生活が不安で、本人が拒否したため。
・震災後に精神的なストレスがあり、心療内科に通院・服薬中。知らない土地での生活が不安なので、行きたくない。
・本人が避難を嫌がり一時行方不明になった。

【緊急避難時に支援が必要な理由より】

●移動手段
・足が不自由、体力がない、判断が自分でできないなど、自力での避難が困難なため、介助者や車が必要。
・歩行介助が必要。長時間歩くことが難しい。
・知的障害と下半身麻痺があり、バスでの移動は困難。
・リフト車など福祉車両の手配。
・車での避難は、体が大変なので近いところにしてほしい。道もわからないので、一緒に連れて行ってほしい。

●介助・医療
・荷物運びを手伝ってほしい。足が不自由、体力がない、判断が自分でできないなど、自力での避難が困難。介助者や車が必要。
・荷物はまとめてあるが、自分では運べない。
・本人に行動面や危機管理の面で支援が

必要。
・医療的支援の不足。

●情報

・聴覚、視覚障害者への配慮。情報の伝達方法を考えてほしい。防災無線は聞こえない。窓は閉め切っているので、一層聞こえない。放射能のテロップも分からない。
・部屋を閉め切っているので、防災無線が聞き取りにくい。補聴器の業者も閉鎖しており困っている。

【避難場所での支援や配慮が必要な理由より】

●医療

・服薬内容を把握できるようにして、避難先でも処方してほしい。体調を見ながら対応をしてほしい。
・透析の対応ができるところでないと難しい。
・服薬や服薬管理が一人でできない。
・薬が分包されておらず、飲みにくく困った。
・医療用用品や電源が不可欠→酸素ボンベが欠かせない。電源がないと4時間しかもたない。

●環境

・ベッドや手すり、洋式トイレ、高めの椅子など設備が整っているかどうか。
・トイレ、入浴、ベッド、椅子が必要。

●介助

・自分ではタオルを絞ることもできない。
・右手にマヒがあるため、足まで怪我をすると、もう動けなくなってしまうので心配。
・支援物資をもらうのに長時間並ぶことができない。
・聴覚、視覚障害者への配慮（手話通訳士のコミュニケーション手段の配慮）。

●集団生活への不安

・プライバシーの確保。
・周囲への気遣いをしなくてもよいか不安。

・自分のことを知っている人たちと同じところに避難したい。
・家族だけで生活できるように（他者へ迷惑をかけたくない）。

●食事

・栄養管理がないと困る。

●その他

・知らない人ばかりで心細かった。
・ホテル（有償）で経済的に困った。

【緊急生活支援や継続支援が必要な理由から】

●日中活動

・ワークスペースアシストへ通所していた。早く開所してほしい。
・利用回数が震災で減った。
・共生授産に通ってるが再開のめどは立っておらず毎日家に居る。
・もう少し利用（日数）したい。
・ぴーなっつ利用を週5日にして欲しい（父親が時間が作れないため）。
・日中は仕事がなく家にいる（作業所閉所中）。
・授産所に通所していたが震災後閉園のため在宅。
・祖母が亡くなりショック大きい。日中の活動の場がほしい。相談支援サポート必要。

●医療・健康

・人工肛門に使う袋が手に入るか不安。
・病院が閉鎖され主治医も避難中。薬は別の開業医による処方箋で何とかなっているが、10年くらい前、すい臓腫瘍、喉頭ガンで健康に不安。
・腎臓疾患で透析、福島市まで1時間半かけて通っている
・脊椎空洞病（難病指定）。杖をついて歩行できる。手足のしびれ有り。
・10年前肝臓移植手術。2カ月ぶりに通院。震災の負担もあり、数値は悪くなっている。入院を勧められるが、仕事を再開しており心臓にも負担がきており、血栓を防ぐ薬も処方。

・脳血栓後遺症により麻痺が残る。近所の人が避難等で不在のため、情報が入りにくい。食料、生活物資の配布など必要。
・左半身麻痺。日中はベッド生活。トイレはポータブルを使用。入浴なし。
・人工弁（心臓）を入れており血栓ができないよう投薬を受けている。体温調節が難しく、バスの冷房でも体が冷えてしまう、風邪に罹りやすい。
・ムトウ病。体のバランスがとれず（体幹機能障害）、不随運動が常にある。歩行、食事、入浴にも介助が必要。避難生活後、体の機能がさらに落ち、嚥下障害も。いつ気管をつまらせてしまうか、介護にも緊張が伴う。
・避難所から戻ってきて、現在まで入浴をしていない。家にシャワーがなく腹部の消毒は「かけ湯」で行っている。

●生活

・鹿島、相馬のスーパーまで目の不自由な夫が買い物に行っていた。
・認知症もあり、食事の準備など家事全般できなくなった。
・義捐金が出たので生活保護がストップ。医療費も払っていかねばならない。
・支援物資を受け取りたいが、ならぶことが無理（時間がかかるため）。障害者の分だけでもとりおいて、後で取りにいけないのか。
・仕事が減り収入が減って困っている（マッサージ）。
・救援物資の情報をどこで得ればいいのか。放射能の計測をしてほしい。食事も心配。水がほしい。野菜を収穫して食べられないのがきつい。瓦がないので家が雨漏りしている。原発が心配。仕事がなく収入が心配。

●教育・療育

・自閉症。会話に関しては身内以外話せない。震災でそれまでの障害児の親同士のつながりがなくなってしまった。
・子どもの遊び場が必要。ベビーカーも

乗せられない（放射線）。元に戻してほしい。
・高2、卒後は浪江の「たいよう」を利用しようと考えていたが最初から検討しなおしている。
・雨の日でも遊べるような広い屋内施設が欲しい。

●相談

・本人の日常の生活（パチンコ、金使い）。
・一人で好き勝手に自転車に乗り出かけてしまう。本人は作業所等に通う気はない。
・団体行動が難しい。ペットが可愛い。風評被害が迷惑。
・仕事が入ってこなくなり現在無職。経済的に今後が心配。

●就労

・経済的に苦しく病院代を立て替えるもまだ戻ってこない。働く意思はあるが仕事を探しても無い。
・震災により仕事を解雇。求職中。
・一般就労していたが、震災後より仕事はしていない、自宅待機中。
・仕事に行けていない。
・小高で2年半働いていた。新しい環境からのスタートは自信がない。
・3月に養護学校を卒業、就職をめざしていたが、震災で駄目になった。今後のことが心配。

●情報

・視覚障害者には情報が伝わりにくい。正確で分かりやすい情報提供を。
・原発に関して市からの情報が欲しい。
・広報車が聞こえない。ゆっくり走ってほしい。
・生活関連情報が欲しい、情報が入らないのが辛い。

●家族

・小さな子どもがいることが心配。
・子ども（中学1年）が不安などで免疫力低下、腕に湿疹が出る。

●移動

・トイレは自力で出来るが移動が大変。
・電車が通っていないため遠出ができない。

●福祉サービス

・デイサービスが機能していない。

●住居

・転居を考えている、転居先を探してほしい。

＊元のレポートでは、「障がい」と「障害」が使い分けられています。この本では「障害」に統一しました。

＊元の報告書の一部の図表はスペースの関係で掲載していません。

むすびにかえて

この本は『月刊むすぶ』というマイナーな雑誌に掲載された文章が中心です。この雑誌を発行している会社をロシナンテ社といいます。１９７０年設立のこの会社は、各地の住民・市民運動のネットワーカーとして『月刊地域闘争』という月刊誌を発行することを生業としてきました。『月刊地域闘争』は１９９０年秋、『月刊むすぶ』と誌名を変えました。『月刊地域闘争』の支え手には反原発を主張する一群の研究者がいました。東日本大震災。そして福島第一原発の過酷事故。とんでもない量の放射能が福島県を中心にまき散らされました。

２０１１年春から『月刊むすぶ』では、「原発」「福島」をメインに誌面を作ってきました。解放出版社のご好意で２０１２年3月20日に『3・11原発震災　福島住民の証言』、２０１３年7月20日、『わたしたちのこえをのこします』と2冊の本を出版させていただきました。この取り組みは少しでも「福島という記憶」を刻んでいきたいという思いから考え出しました。

書籍という形で「原発」という人類への犯罪行為が少しでも多くの方の記憶に残ることを願っています。そして責任は問われなくてはいけません。

ロシナンテ社　しかた さとし

著者紹介

青田由幸（あおた よしゆき）

特定非営利活動法人さぽーとセンターぴあ代表理事。1954年生まれ。福島県南相馬市の会計事務所に嘱託勤務。妻、長女、次女（重度障害者）とともに仙台在住。2008年5月、NPO法人を立ち上げ、障害者福祉サービスとして生活介護、就労支援B、活動支援センター、障害者相談支援の事業を運営している。

吉田義朗（よしだ よしろう）

「遊びたいか　遊びたいよな　遊ぼうぜ　カヌーは自由だ　カヌーで繋がろう」をモットーに、障害者のスポーツチャレンジに取り組む脊椎損傷障害者。日本障害者カヌー協会所属。アラカン世代。

八幡隆司（やはた たかし）

ゆめ風基金理事。1957年生まれ。1979年、知的障害者授産所施設指導員。1982年、障害者の働く場「豊能障害者労働センター」設立。20代から障害者授産所施設職員、障害者団体が運営する事業所職員として障害者の介護や事業運営にかかわる。1988～2004年、大阪府箕面市議。1995年1月、兵庫県南部地震障害者救援本部を設立し、全国のネットワークの協力を得て阪神間の障害者支援にあたる。同年4月、ゆめ風基金呼びかけ人になる。同年6月、ゆめ風基金発足。2001年、ゆめ風基金NPO法人化に伴い役員となり、防災提言集を手がけるなど防災活動を担当。このたびの地震では、いち早く被災地にかけつけ、仙台、郡山、盛岡に被災地障害者支援センターを立ち上げた。

特定非営利活動法人 ゆめ風基金

〒533-0033　大阪市東淀川区東中島1-13-43-106

TEL：06-6324-7702　FAX：06-6321-5662

MAIL：yumekaze@nifty.com　http://yumekaze.in.coocan.jp/

障害者救援活動にご協力をおねがいします

障害者救援金 送り先

郵便振替口座　００９８０-７-４００４３　ゆめかぜ基金

ゆめ風基金ゆうちょ銀行

店番０９９／当座００４００４３　ユメカゼキキン

原発震災、障害者は… 消えた被災者

2014年7月25日　初版第1刷発行

著　者　青田由幸　八幡隆司

編　者　ロシナンテ社
http://www9.big.or.jp/~musub/

発行所　㈱解放出版社
〒552-0001
大阪市港区波除4-1-37　HRCビル3F
TEL06-6581-8542　FAX06-6581-8552

東京営業所
〒101-0051
千代田区神田神保町2-23
アセンド神保町3F
TEL03-5213-4771　FAX03-3230-1600
http://kaihou-s.com

装幀　森本良成
レイアウト・データ制作　日置真理子

印刷・製本　モリモト印刷株式会社

ISBN978-4-7592-6762-4　NDC360　111P　21cm

定価はカバーに表示してあります。乱丁・落丁本はお取り替えいたします。